ESTUDIO
BÍBLICO

de 5 minutos
para
mujeres

Nuestra misión es inspirar al mundo con el mensaje transformador de la Biblia.

ecpa Member of the
Evangelical Christian
Publishers Association

Impreso en Estados Unidos de América.

ESTUDIO BÍBLICO

de 5 minutos para mujeres

EMILY BIGGERS

BARBOUR
ESPAÑOL
Un Sello de Barbour Publishing

INTRODUCCIÓN

¿Te resulta difícil encontrar el momento para estudiar la Biblia? Intentas hacerlo, pero las horas se convierten en días y, antes de que te des cuenta, ya ha pasado otra semana y ni has tocado la Palabra de Dios. Este libro te ofrece una vía para abrir tu Biblia con regularidad y profundizar en los pasajes, ¡aunque solo tengas cinco minutos!

Minutos 1–2. *Lee* con atención el pasaje de las Escrituras para el estudio diario de la Biblia.

Minuto 3. **Comprende.** Reflexiona sobre las indicaciones diseñadas para ayudarte a aplicar los versículos de la Biblia en tu vida. Mantenlos en tu mente a lo largo del día.

Minuto 4. *Aplica.* Lee un breve devocional basado en el texto del día. Piensa en lo que estás aprendiendo y cómo puedes aplicar las verdades de las Escrituras en tu vida.

Minuto 5. *Ora.* Una oración inicial te ayudará a tener un tiempo de conexión con Dios. Recuerda dejarle tiempo y ser paciente, para que él hable en tu vida.

Que el *Estudio Bíblico de 5 minutos para mujeres* te ayude a establecer la disciplina para estudiar la Palabra de Dios. ¡Sírvete una taza de café y haz que los primeros cinco minutos del día marquen la diferencia! Descubrirás que unos pocos minutos para centrarte en las Escrituras y la oración tienen un gran poder. ¡Pronto querrás pasar aún más tiempo en la Palabra de Dios!

UN CREADOR CREATIVO
Lee Génesis 1.1–31

Versículo clave:

Dios miró todo lo que había hecho, y consideró que era muy bueno. Y vino la noche, y llegó la mañana: ese fue el sexto día.
GÉNESIS 1.31 NVI

Comprende:

- *Consideremos los complejos detalles que se ven en la naturaleza. Los pétalos de una flor organizados en un patrón establecido. La curva perfecta de una concha de nautilo. Los instintos de un león. Piensa en tres ejemplos tuyos.*

- *Si el mundo se creó con el «Big Bang», como dicen algunos científicos, ¿cómo podría explicarse el detallismo que se muestra en la naturaleza?*

Aplica:

El libro de Génesis comienza con las palabras «En el principio Dios creó...». Si Dios ya estaba creando *en el principio*, significa que no fue creado por sí mismo, sino que él es el gran y único creador de todas las cosas.

Dios separó el día de la noche. Hizo las estrellas, la luna y el sol. Creó las innumerables variedades de árboles y flores, cada una de ellas con un diseño minucioso. Dios hizo todos los animales, el hipopótamo y la jirafa, el gran elefante y la ballena, el majestuoso león... ¡Dios es el Creador y además es creativo!

Las mayores creaciones de Dios fueron hechas a su imagen. Hombres, mujeres y niños son creaciones muy particulares de Dios. Portamos algunos de sus rasgos. Somos sus obras maestras.

Recuerda fijarte en los detalles de la gloriosa creación de Dios mientras transcurre el día. Cuida de la tierra. Fue creada por tu Padre. Respeta a todas las demás personas. Ellos, como tú, fueron creados a la imagen de Dios.

Ora:

Padre celestial, tú has hecho todas las cosas. Eres el Creador que sostiene la vida. Tú me hiciste en el vientre de mi madre. Debo tratar con gran respeto a toda tu creación, a la que los demás tal vez menosprecien. Te lo pido en el nombre de Jesús. Amén.

....

....

....

....

....

TENTACIÓN
Lee Génesis 3.1-24

Versículo clave:

La serpiente era más astuta que todos los animales del campo que Dios el SEÑOR había hecho, así que le preguntó a la mujer:
—¿Es verdad que Dios les dijo que no comieran de ningún árbol del jardín?
GÉNESIS 3.1 NVI

Comprende:

- *¿Alguna vez has intentado justificar un pecado que sabes que estás cometiendo en contra de Dios?*

- *¿Qué harás la próxima vez que Satanás te tiente a desobedecer a Dios?*

Aplica:

Satanás aparece como una serpiente en Génesis 3. Él tienta a los primeros seres humanos como tienta a los creyentes de hoy, de una manera furtiva.

Adán y Eva escucharon a Dios con claridad. Él les había dado total libertad en el jardín. Podían comer de cualquier árbol *excepto* de uno. No les había impuesto restricciones estrictas. Tenían mucha libertad. Se les impuso una única regla, un árbol que evitar, una pauta que obedecer.

Satanás fue astuto en su actuación, ¿verdad? Él aplica esta misma técnica con los creyentes de hoy en día también. Ten cuidado si empiezas a preguntarte: *¿Realmente Dios tiene tal guía para mi vida? ¿Dios me limitaría de esta manera? ¿Esto es un pecado realmente? ¿Es tan malo?*

Las directrices y las reglas de Dios son para nuestro bien. Él ha trazado límites para nosotros en lugares deleitosos (ver Salmos 16.6). No dejes que Satanás te tiente a creer lo contrario.

Ora:

Dios, lamento racionalizar el pecado. Intento encontrar una manera de justificarlo, pero el pecado no se puede barrer y ocultar bajo la alfombra. Ayúdame a seguir tus caminos y a reconocer el pecado como tal. Por favor, dame fuerza para soportar la tentación. Te lo pido en el nombre de Jesús. Amén.

....

....

....

....

....

....

....

....

NO MIRES ATRÁS
Lee Génesis 19.1–26

Versículo clave:

Pero la esposa de Lot miró hacia atrás, y se quedó convertida en estatua de sal.
GÉNESIS 19.26 NVI

Comprende:

- *Después de convertirte en creyente, ¿alguna vez has sentido la tentación de «mirar hacia atrás» a algo que Jesús te dijo que soltaras? ¿Qué fue? ¿Cómo respondiste a la tentación?*

- *¿Por qué crees que Dios impuso un castigo tan duro a la esposa de Lot solo por mirar atrás cuando se iba de Sodoma?*

Aplica:

Parecido a una alarma de evacuación antes de un huracán (¡aunque mucho más fuerte!), la familia de Lot recibió una advertencia de los ángeles para salir de Sodoma antes de que Dios destruyera toda la ciudad.

La esposa de Lot, que era de Sodoma, miró hacia atrás cuando se marchaban. Al salir de la ciudad, el recuerdo de los placeres pecaminosos que había disfrutado allí le costó todo. Como el estímulo de la música de la feria del condado y el delicioso aroma de las comidas, Sodoma la atraía. Solo le hizo falta una mirada hacia atrás. Pero fue suficiente para que nuestro santo Dios la convirtiera al instante en una estatua de sal.

No pierdas el tiempo mirando hacia atrás. Ya sea un pecado del pasado que te atrae o una relación o situación pasadas, resiste el impulso de vivir en el pasado. Un sabio dijo una vez: «Si vives en el pasado, extrañarás el presente, y así no tendrás futuro».

Dios ha proporcionado una ruta de escape del pecado. Su nombre es Jesús. Síguelo y no mires atrás.

Ora:

Padre celestial, te pido que me protejas de las trampas de la tentación. Que mis ojos estén tan enfocados en tu voluntad y en tus caminos que nunca pueda mirar atrás. Me has prometido esperanza y un futuro (ver Jeremías 29.11). Por favor, nunca dejes que mi corazón se desvíe de lo que es mejor para mí. Amén.

....

....

....

....

....

....

TEME A DIOS ANTES QUE AL SER HUMANO
Lee Éxodo 1.1–22

Versículo clave:

Pero las comadronas desatendieron, por respeto a Dios, la orden dada por el rey de Egipto, y dejaron vivir también a los niños.
ÉXODO 1.17 BLPH

Comprende:

- *¿Cuándo es correcto desobedecer a los líderes civiles?*

- *¿Qué hizo Dios por las dos comadronas de Éxodo 1 por su temor de él?*

Aplica:

Sifra y Fúa. ¡No son nombres que se mencionen en una familia común! ¿Has oído hablar de ellas? ¡Al leer Éxodo 1, encontramos que estas dos comadronas son las heroínas de la historia! Se les dijo que mataran a los niños de los israelitas tan pronto como nacieran. Temían a Dios más de lo que temían la posibilidad de ser sorprendidas desobedeciendo la ley del país. Sabían que Dios creó y valoraba la vida de cada uno de los bebés, egipcios o israelitas. Tenían una devoción sagrada por la vida. Después de todo, su trabajo era ayudar a las mujeres a dar a luz a sus bebés.

Dios no quiere que desobedezcamos a los líderes de nuestro gobierno; sin embargo, hay veces en que esa es la elección correcta. Ora para poder ser tan sabia como Sifra y Fúa para distinguir entre los momentos en los que debes someterte a la autoridad y los momentos en que no debes hacerlo. Como creyente, si algo va en contra de Dios, no debes hacerlo, aunque tus dirigentes te lo manden.

Ora:

Señor, gracias por la valentía de las dos matronas que sabían que lo que el rey ordenaba estaba mal. ¡Ellas eligieron la vida! Gracias por las oportunidades que tengo para hacer lo correcto, incluso cuando puede ser difícil. Que pueda ser tan valiente como Sifra y Fúa si seguirte se convierte en algo tan peligroso para mí como lo fue para ellas. Amén.

....

....

....

....

....

....

....

....

YO SOY
Lee Éxodo 3.1–22

Versículo clave:

Pero Moisés insistió: —Supongamos que me presento ante los israelitas y les digo: «El Dios de sus antepasados me ha enviado a ustedes». ¿Qué les respondo si me preguntan: «¿Y cómo se llama?».

—Yo soy el que soy —respondió Dios a Moisés—. Y esto es lo que tienes que decirles a los israelitas: «Yo soy me ha enviado a ustedes».

Éxodo 3.13–14 NVI

Comprende:

- *Moisés cuestionó a Dios. ¿Te parece que Dios fue paciente con las preguntas de Moisés o que las inseguridades de Moisés enfadaron a Dios? ¿Está bien preguntar a Dios?*

- *¿Qué crees que Dios quería decir cuando se refirió a sí mismo como «Yo soy»?*

Aplica:

Dios no se preocupó, ni se sorprendió, por la pregunta. Le dijo a Moisés que les comunicara a los israelitas que había sido enviado por «Yo soy».

La esencia de Dios no se puede contener en el lenguaje humano. Ninguna palabra o frase puede describirlo. «YO SOY» significa que Dios *existe* de verdad. Él es *distinto* al resto de vidas. Él *fue, es* y *será*.

Lo que los israelitas necesitaban en el éxodo de Egipto era a Dios. Él separó el mar Rojo en el momento necesario y luego permitió que se tragara a sus perseguidores. Los guio con la columna de fuego y con la nube. Les proporcionó agua en su necesidad. Los sació con el pan de cada día.

Si hay algo que sabemos de nuestro Señor, es que es inmutable. Él es el mismo ayer, hoy y siempre (ver Hebreos 13.8). El Gran «YO SOY» está listo para satisfacer tus necesidades, como lo hizo con los israelitas.

Ora:

Gran Yo Soy, humildemente te pido que tomes las riendas y que me guíes día a día, paso a paso por la vida, así como sacaste a tu pueblo de la esclavitud en la tierra de Egipto. Amén.

....

....

....

....

....

....

....

LA CELEBRACIÓN DE MARÍA

Lee Éxodo 15.1–27

Versículo clave:

Y María la profetisa, hermana de Aarón, tomó un pandero en su mano, y todas las mujeres salieron en pos de ella con panderos y danzas. Y María les respondía: Cantad a Jehová, porque en extremo se ha engrandecido; Ha echado en el mar al caballo y al jinete.
ÉXODO 15.20–21 RVR1960

Comprende:

- *María era la hermana mayor de Moisés. Lee Éxodo 2 como un recordatorio de la historia anterior. ¿Qué hizo María para salvar la vida de Moisés?*

- *¿Qué ha hecho Dios en tu vida que puedas celebrar hoy?*

Aplica:

María vio cómo los egipcios fueron tragados por el mar Rojo. Ella había cruzado en tierra firme. Había presenciado el milagro. Pero esto no fue todo lo que celebró mientras tocaba su pandero y cantaba aquel día.

María había ayudado a elaborar un plan para salvar la vida de su hermanito. Se preguntaba si quizás su milagroso bebé crecería para liberar a los israelitas de la esclavitud en Egipto.

Pero después sus esperanzas se vieron frustradas cuando Moisés se exilió por haber matado a un egipcio.

¡Imagina su sorpresa cuando años después su hermano reapareció para sacar a los israelitas de Egipto! Cuando se había perdido toda esperanza, apareció Moisés. Dios se acordó de su pueblo y le proporcionó una vía de escape. María tenía mucho que celebrar!

¿Qué ha hecho Dios en tu vida? Celebra. Agradece a Dios por tu salvación, y agradécele específicamente por el momento en que se presentó y te devolvió la esperanza, como lo hizo con María.

Ora:

Señor, quiero ser una de las personas que celebran tu bondad. Ayúdame a tocar la pandereta y a cantar en voz alta como lo hizo María. Que nunca dé por sentada tu provisión en mi vida ni piense que es una coincidencia, que siempre reconozca las formas en las que te presentas y provees por mis necesidades. En el nombre de Jesús lo pido. Amén.

....

....

....

....

....

EL NOMBRE DEL SEÑOR
Lee Éxodo 20.1–21

Versículo clave:

No tomarás el nombre de Jehová tu Dios en vano; porque no dará por inocente Jehová al que tomare su nombre en vano.
ÉXODO 20.7 RVR1960

Comprende:

- *¿Tomas el nombre del Señor en vano? Explica tu respuesta.*

- *¿Hay maneras en las que la gente toma el nombre del Señor en vano sin decir realmente su nombre?*

Aplica:

Se ha vuelto común en nuestra cultura tomar el nombre de Dios en vano. Muchos niños de nuestra sociedad usan exclamaciones que contienen el nombre de Dios. ¿Por qué? Porque las escuchan en todas partes. La frase se esparce en cada película y programa de televisión. Es una exclamación pronunciada por los adultos a su alrededor, a menudo incluso por sus padres y maestros. Por eso asumen que debe de estar bien. ¿Pero lo está?

Dios le dio a Moisés diez mandamientos para que el pueblo los siguiera. Esta era la ley de Dios.

Uno de los mandamientos dice claramente que no debemos tomar el nombre del Señor en vano.

¿Te estás tomando en serio este mandato? ¿Estás honrando el nombre de Dios? ¿Lo usas cuando hablas o compartes con otros sobre su gloria? ¿O lo usas como una palabra de juramentos o exclamaciones, difamando a tu Dios cada vez que la dices?

Ora:

Señor, te amo, y seguiré la orden de honrar tu nombre, nunca usándolo en vano. Por favor, ayúdame a temerte y respetarte siempre como el Dios soberano del universo. En esta sociedad maleducada, ayúdame a no presentarme ante ti de manera irreverente, sino con el mayor respeto. Te lo pido en el nombre de Jesús. Amén.

....

....

....

....

....

....

....

....

....

....

EVITA LOS ÍDOLOS

Lee Levítico 19.1–37

Versículo clave:

No se vuelvan a los ídolos inútiles, ni se hagan dioses de metal fundido. Yo soy el Señor su Dios.
Levítico 19.4 nvi

Comprende:

- *Entre las leyes establecidas para los israelitas, leemos que no debían recurrir a los ídolos. ¿Por qué crees que esto era, y es, tan importante para Dios?*

- *¿Cuál es tu definición de lo que es un ídolo?*

Aplica:

Aunque esta ley fue dada en Levítico, todavía sigue aplicándose a los creyentes de hoy. Se repite en el Nuevo Testamento, y sabemos que nuestro Dios es un Dios celoso. En 1 Corintios 10.14, el apóstol Pablo advierte a los creyentes de Corinto que se mantengan alejados de los ídolos.

¿Un ídolo tiene que ser de metal o de madera? ¿No crees que el Señor también es Dios celoso con respecto a otros tipos de ídolos? Un ídolo es cualquier cosa que pongamos delante de Dios en nuestras vidas. ¿Pasas más tiempo leyendo la Biblia o en las redes sociales? ¿En qué te concentras con más frecuencia, en la oración o en la televisión?

Considera en qué estás poniendo la mayor parte de tu tiempo y dinero. Puede que encuentres a tus ídolos ahí. Haz un esfuerzo consciente para alejarte de tales ídolos y busca a Dios primero y con todo tu corazón. Esto le complace al Señor.

Ora:

Padre celestial, saca a la luz todo lo que he permitido en mi vida para convertirlo en un ídolo. Puede que no esté construyendo otros dioses de metal o madera, pero me distraigo diariamente con mis propios ídolos. Crea en mí un corazón puro que te ponga a ti primero en todo lo que hago. Amén.

....

....

....

....

....

....

....

....

....

....

NO PIERDAS
TU TIERRA PROMETIDA
Lee Números 14.1–25

Versículo clave:

... entrará en la tierra que prometí con juramento a sus ante-pasados; ninguno de los que me han irritado la verá.
NÚMEROS 14.23 BLPH

Comprende:

- *Dios demostró ser fiel a los israelitas. ¿Por qué crees que se esforzaron en creer que él los protegería cuando entraron a la tierra prometida?*

- *¿Cómo es este tipo de miedo en tu propia vida? ¿A qué promesas de las Escrituras clamarás para que ayuden a aliviar tus temores?*

Aplica:

Dios guio a los israelitas fuera de Egipto. Les prometió la tierra que estaba justo delante de ellos. Sin embargo, ¿qué hicieron? Se negaron a entrar. Escucharon la noticia de que había gigantes en la tierra. Dejaron que el miedo se apoderara de ellos. Se volvieron contra Moisés y Aarón. Incluso inventaron un plan para regresar a Egipto, donde habían estado esclavizados.

Todo esto parece muy tonto, y podemos sentarnos y señalar con el dedo a los israelitas, hasta que miramos de cerca nuestras propias vidas.

Dios ha prometido no abandonarnos nunca. Nos ha prometido una vida abundante y eterna. Nos ha asegurado que tiene una promesa y un futuro para nosotros y que no tiene la intención de hacernos daño. Aun así, ¿cuántas veces nos acobardamos por miedo, olvidando que somos herederos del Rey?

Ora:

Señor, hoy me aferro a tus promesas. Las afirmo una a una. Estoy segura de que tú tienes el control y de que eres soberano. Ayúdame a confiar más en ti, te lo pido. No quiero perder tus bendiciones para mi vida solo por un miedo innecesario. Te lo pido en el nombre de Jesús. Amén.

....

....

....

....

....

....

....

....

....

MOMENTOS DE APRENDIZAJE

Lee Deuteronomio 6.1–25

Versículo clave:

Y estas palabras que yo te mando hoy, estarán sobre tu corazón;
y las repetirás a tus hijos, y hablarás de ellas estando en tu casa,
y andando por el camino, y al acostarte, y cuando te levantes.
DEUTERONOMIO 6.6–7 RVR1960

Comprende:

- ¿Cuándo se les ordenó a los israelitas que hablaran de las palabras del Señor y a quiénes debían enseñar estas palabras con todo esmero?

- ¿Cuándo tienes momentos de enseñanza con tus hijos?

Aplica:

Hay muchos momentos para la enseñanza cada día. El desafío está en tomarlos y no dejarlos pasar sin aprovecharlos. Aunque el mandamiento aquí en Deuteronomio era para los padres israelitas de ese día, sabemos que también es válido para nosotros en la actualidad.

Si Deuteronomio se hubiera escrito hoy, tal vez este versículo diría así: *Enseña a tus hijos con diligencia. Habla de esto con ellos cuando estén en el auto y*

vayan a la escuela y a las actividades extraescolares. En-
séñales en medio del tráfico y cuando esperen su turno en
el supermercado... Ya te haces una idea. Los tiempos
han cambiado, pero la Palabra de Dios sigue siendo
la misma ayer, hoy y mañana.

Aprovecha esos momentos de enseñanza mientras caminas y hablas con tus hijos. Necesitan conocer la Palabra de Dios, y solo la conocerán si les
enseñas.

Ora:

Señor, estoy muy ocupada. Yo tengo la culpa de poner un te-
léfono o una tableta en las manos de mis hijos con demasiada
frecuencia solo para tenerlos ocupados y así poder recuperar mi
cordura. Por favor, ayúdame a usar los momentos de enseñan-
za que me das cada día con estos niños. El tiempo pasa muy rá-
pido, y quiero que conozcan, amen y honren tu Palabra. Amén.

....

....

....

....

....

....

....

....

DIOS VA DELANTE DE TI
Lee Deuteronomio 31.1–30

Versículo clave:

El Señor irá delante de ti y estará contigo; nunca te dejará ni te abandonará; por lo tanto, no temas ni te acobardes.
DEUTERONOMIO 31.8 BLPH

Comprende:

- *¿Cuáles son las promesas que contiene el versículo clave de hoy?*
- *¿Qué desafío vas a afrontar con menos miedo sabiendo que el Señor va delante de ti?*

Aplica:

A pesar del hecho de que Dios les había prometido la tierra de Canaán, los israelitas del pasado habían tenido demasiado miedo de entrar. Temían a los gigantes que vivían en esta asombrosa tierra. Después de un período de cuarenta años en el desierto como castigo de Dios por su falta de fe, esta nueva generación estaba lista para entrar. Era fundamental que escucharan las palabras de Moisés o ellos también podrían perder la tierra en la que fluía leche y miel.

No tenían que preocuparse. Dios estaba con ellos. No los dejaría ni los olvidaría. Se les dijo que no se preocuparan.

¿Dónde está tu indecisión? ¿Hacia dónde necesitas dar un paso en la fe? Cuando nos retraemos de dar un paso de fe hacia donde Dios nos está conduciendo claramente, perdemos bendiciones asombrosas. Reclama estas promesas en tu propia vida hoy. Dios está contigo. Él va delante de ti. No se irá ni se olvidará de ti. Confía en él.

Ora:

Padre celestial, iré a donde tú me guíes. Ayúdame a dejar el miedo y la preocupación. Quiero cambiar esos obstáculos por tu ayuda y tu fidelidad. Sé que vas por delante de mí. Dondequiera que me guíes, te seguiré con fe. Amén.

....

....

....

....

....

....

....

....

....

....

FUERTE Y VALIENTE

Lee Josué 1.1–18

Versículo clave:

Este libro de la ley no se apartará de tu boca, sino que meditarás en él día y noche, para que cuides de hacer todo lo que en él está escrito; porque entonces harás prosperar tu camino y tendrás éxito. ¿No te lo he ordenado yo? ¡Sé fuerte y valiente! No temas ni te acobardes, porque el Señor tu Dios estará contigo dondequiera que vayas.
Josué 1.8–9 lbla

Comprende:

- *¿Qué significa meditar en la Palabra de Dios? ¿Cuál es la diferencia entre meditarla y leerla?*

- *Se nos ordena ser fuertes y valientes. ¿Cómo se aplica esto en tu lugar de trabajo? ¿Cómo te sientes cuando se burlan de ti por una elección que haces al seguir la Palabra de Dios?*

Aplica:

Así como esta promesa era cierta para los israelitas que reclamaban la tierra que Dios les había dado, también lo es para ti. Dios cuida de ti. Él está contigo dondequiera que vayas.

Josué 1.8 nos dice a los creyentes que meditemos en las Escrituras día y noche para que tengamos el cuidado de hacer lo que está escrito en ellas. Estas son fuertes palabras de consejo, seguidas de fuertes palabras sobre la recompensa. ¿Qué dice el pasaje? Si hacemos lo que dice la Biblia, seremos prósperas y exitosas.

Si hay algún versículo en la Biblia que te inspira a pasar tiempo en la Palabra de Dios, es Josué 1.8. Y el versículo que sigue a este te hace la promesa de que Dios te acompaña. Reclama estas promesas, y recuerda tener la disciplina de seguir lo que dice la Biblia en cada situación.

Ora:

Dios, gracias por tu sagrada Palabra. Estos versículos me recuerdan la importancia de no dejar mi Biblia en el auto después de la iglesia el domingo, sino que pase tiempo con ella todos los días. Tu Palabra es mi camino a la victoria, y quiero honrarte haciendo lo que dice. Te lo pido en el nombre de Jesús. Amén.

....

....

....

....

....

....

....

UNA MUJER DE RAZÓN

Lee Jueces 13.1–25

Versículo clave:

Y dijo Manóaj a su mujer: —Seguro que vamos a morir, porque hemos visto a Dios.
Su mujer le respondió: —Si el Señor hubiera querido matarnos, no habría aceptado de nuestra mano el holocausto ni la ofrenda, ni nos habría revelado todas estas cosas, ni nos habría hecho oír cosa semejante.
JUECES 13.22–23 BLPH

Comprende:

- *¿Por qué deberíamos, como cristianas, evitar el pánico o las reacciones exageradas? ¿Qué debemos hacer entonces?*

- *La esposa de Manóaj era un apoyo para su marido. Si estás casada, ¿cómo puedes apoyar a tu marido? Si eres soltera, ¿cómo apoyas a otros miembros de la familia o amigos?*

Aplica:

Manóaj y su esposa no podían tener hijos. ¡Te imaginas su alegría cuando a la esposa de Manóaj la visitó el ángel del Señor y le dijo que se quedaría embarazada! Le dijeron que el niño sería nazareo, dedicado a Dios toda su vida.

Más tarde vieron desaparecer al ángel, alzándose en la llama de la ofrenda que ardía para el Señor. Después de esto se dieron cuenta de que era realmente el ángel del Señor. Manóaj reaccionó exageradamente y dijo que iban a morir porque habían visto a Dios. Pero la razón de la mujer fue útil en ese momento. La esposa de Manóaj le recordó las grandes noticias que acababan de recibir. ¿Por qué Dios iba a querer que murieran? Les estaba dando un hijo, y además había aceptado su ofrenda.

Su hijo Sansón nació pronto. La esposa de Manóaj demostró ser la voz de la razón en su familia. Deberíamos hacer lo mismo cuando nuestros maridos o hijos están en un estado de pánico.

Ora:

Señor, ayúdame a no entrar en pánico y reaccionar exageradamente en mi familia. Úsame como fuente de calma y razón. Quiero confiar en ti en todo. Cada día tiene sus propias preocupaciones. Ayúdame a caminar confiando en que tú siempre tienes en mente lo mejor para mis seres queridos y para mí. Amén.

....

....

....

....

....

....

....

LEALTAD
Lee Rut 1.1–22

Versículo clave:

Pero Rut dijo: No insistas que te deje o que deje de seguirte; porque adonde tú vayas, iré yo, y donde tú mores, moraré. Tu pueblo será mi pueblo, y tu Dios mi Dios. Donde tú mueras, allí moriré, y allí seré sepultada. Así haga el SEÑOR conmigo, y aún peor, si algo, excepto la muerte, nos separa.
Rut 1.16–17 lbla

Comprende:

- *¿Por qué crees que Rut se negó a volver a su tierra natal?*

- *Cuando Rut eligió al Dios de Noemí, eligió seguir al único Dios verdadero en lugar de a los dioses de su tierra natal. ¿Cómo cambió esto la vida de Rut?*

Aplica:

El marido y los dos hijos de Noemí murieron, y ella estaba en tierra extranjera, Moab, con sus dos nueras, entonces se dirigió a su casa en Belén, donde oyó que había comida. Les dijo a sus dos nueras que volvieran a sus casas y a sus dioses. Sabían que tenían que encontrar nuevos maridos porque, en aquel tiempo, toda mujer necesitaba un esposo que la mantuviera.

Orfa obedeció, pero Rut se negó a dejar a su suegra. Se aferró a Noemí, demostrando una lealtad poco frecuente en el mundo actual. Viajó con Noemí a la tierra de Belén.

Al cierre del capítulo 1 de Rut, Rut y Noemí han llegado a Belén justo a tiempo para la fiesta de la cosecha. Así es como Dios obra. Su tiempo es perfecto. El plan de Dios para proveer a Rut y Noemí es una bella historia que se desarrolla a lo largo del del libro de Rut. La fidelidad de Rut a su suegra nos inspira a ser leales, sin importar el precio.

Ora:

Ayúdame, Señor, a ser leal a mi familia y amigos. Quiero ser como Rut, que se negó a dar la espalda y dejar a su suegra cuando se encontró en necesidad. Quiero ser una persona fiel a ti y a los necesitados. Amén.

....

....

....

....

....

....

....

....

LA BENDICIÓN DE NOEMÍ
Lee Rut 4.1-22

Versículo clave:

Entonces Noemí tomó al niño, lo puso en su regazo y fue su nodriza. Y las mujeres vecinas le dieron un nombre, diciendo: Le ha nacido un hijo a Noemí. Y lo llamaron Obed. Él es el padre de Isaí, padre de David.
RUT 4.16–17 LBLA

Comprende:

- *¿Has experimentado alguna vez el gozo que nace del dolor? En otras palabras, ¿una bendición que viene después de una pérdida o de una dura decepción?*

- *Cuando Dios promete usar todas las cosas para el bien de los que le aman (ver Romanos 8.28), ¿qué crees que significa eso?*

Aplica:

Noemí experimentó un gran dolor, pero Dios no había terminado aún con su historia. La llevó de vuelta a Belén y le proporcionó una nuera leal, Rut, para que viajara con ella.

Rut recogió la cosecha en los campos de Booz y atrajo la atención de este. A él lo conmovió su lealtad hacia Noemí y le mostró su generosidad. Booz compró las tierras que habían pertenecido al difunto marido de Noemí para así poder quedarse con Rut y con Noemí. Se casó con Rut y cuidó de ambas.

Noemí recibió un nieto de Rut, aunque Rut no era su hija biológica. Se convirtió en la enfermera del pequeño Obed. Obed sería un día el padre de Isaí y el abuelo del rey David, de cuyo linaje vino el Mesías, Jesús.

Dios obra de maneras misteriosas, pero siempre usa todas las cosas para el bien de los que le aman.

Ora:

Señor, incluso cuando camine por el valle de sombra de muerte, ayúdame a recordar que estás conmigo. Tú usarás todas las cosas para bien en mi vida porque te amo. Amén.

....

....

....

....

....

....

....

....

....

UN VOTO CUMPLIDO
Lee 1 Samuel 1.1–28

Versículo clave:

Por este niño oraba, y Jehová me dio lo que le pedí.
Yo, pues, lo dedico también a Jehová; todos los días que viva,
será de Jehová.
Y adoró allí a Jehová.
1 SAMUEL 1.27–28 RVR1960

Aplica:

- ¿Por qué había orado Ana? ¿Qué nos muestra en estos versículos que oró con fervor y durante un largo período de tiempo?

- ¿Cuál fue su voto al Señor, que cumplió cuando nació Samuel?

Comprende:

Ana oró al Señor por un hijo. No solo oraba de vez en cuando. No, ella lloraba y oraba fervientemente y a menudo. Rogaba con tanto fervor en presencia de Elí que el sacerdote pensó que estaba ebria.

Cuando nació Samuel, Ana cumplió el voto que hizo. Tan pronto como dejó de amamantarlo, Ana lo llevó a Elí. Ella dedicó y entregó a Samuel al Señor.

Después de que Dios le concediera a Ana su deseo de tener un hijo, podría haber olvidado su promesa. ¿No te imaginas el deseo de mantener a su hermoso hijo con ella y verlo crecer? Esta es una historia de oración sincera que sirvió de mucho, y también es un voto cumplido.

¿Por cuánto tiempo? ¿Oras seriamente por ello? ¿La oración es para algo con lo que puedas glorificar a Dios? Examina tu propio corazón mientras lees la historia de Ana.

Ora:

Padre celestial, tú conoces mis deseos más profundos. Moldea mi corazón y mi mente para pensar como tú y desear solo lo que te traerá gloria. Como en el caso de Ana, ayúdame a honrarte con todos los buenos dones que brindas a mi vida. Amén.

....

....

....

....

....

....

....

....

....

DIOS MIRA EL CORAZÓN

Lee 1 Samuel 16.1–23

Versículo clave:

Y Jehová respondió a Samuel: No mires a su parecer, ni a lo grande de su estatura, porque yo lo desecho; porque Jehová no mira lo que mira el hombre; pues el hombre mira lo que está delante de sus ojos, pero Jehová mira el corazón.
1 SAMUEL 16.7 RVR1960

Comprende:

- *¿Cuáles son los criterios más comunes que nosotros, como humanos, utilizamos para juzgar a los demás? (Por ejemplo, por clase social, por nivel de educación, por raza...).*

- *Según 1 Samuel 16.7, ¿cómo juzga el Señor a una persona?*

Aplica:

Varios jóvenes desfilaron ante Samuel. Su padre, Isaí, lo observaba expectante. ¿Imaginas a Isaí buscando el brillo en los ojos de Samuel o un movimiento de cabeza para indicar al hijo que sería elegido para servir como rey? Aun así, Samuel dijo una y otra vez: «Este no es el que el Señor ha elegido».

Isaí no se imaginaba que el elegido pudiese ser el más joven, David, el que pastoreaba las ovejas.

Cuando el joven David se presentó ante Samuel, el Señor lo declaró el elegido. David fue ungido con aceite, y el Espíritu del Señor cayó sobre él.

¿Cómo percibes a las personas que te rodean? ¿O a ti misma? ¿Juzgas por la apariencia externa o por el corazón? Dios mira el corazón.

Ora:

Señor, ayúdame a no juzgar un libro por su cubierta. Una persona puede hacer y decir todas las cosas correctas, pero es en su corazón en lo que tú realmente te fijas. La raza, el estatus social e incluso la personalidad no son algo en lo que tú te fijes. Tú miras el corazón. Ayúdame a seguir tu ejemplo en esto. Amén.

....

....

....

....

....

....

....

....

....

....

CONFIANZA EN DIOS
Lee 1 Samuel 17.1–58

Versículo clave:

Y David añadió: El Señor, que me ha librado de las garras del león y de las garras del oso, me librará de la mano de este filisteo. Y Saúl dijo a David: Ve, y que el Señor sea contigo.
1 Samuel 17.37 lbla

Comprende:

- *¿Qué le dio a David la confianza para luchar contra Goliat, el gigante filisteo?*

- *¿Qué experiencias has tenido para inspirarte confianza al enfrentarte a un futuro desconocido con un Dios conocido?*

Aplica:

Como pastor, el trabajo de David era vigilar las ovejas. Este trabajo implicaba luchar contra los animales salvajes que pretendían matar a las ovejas. David se convirtió en un experto en su trabajo. Dios lo había protegido. No murió por el ataque de un oso o un león y, para un pastor, estas eran posibilidades muy reales.

Lo que David enfrentó en el pasado le permitió afrontar un nuevo desafío con confianza. Pero fíjate en esto: no fue la confianza de David en sí mismo o en su propia fuerza o habilidad lo que lo llevó a luchar contra el gigante. Fue su confianza en el Señor.

David se jactó de «el SEÑOR, que me ha librado...», no de sí mismo.

Echa un vistazo a tu vida. ¿Dónde te ha protegido o liberado Dios? Dios usará cada una de tus experiencias para prepararte para la siguiente. Prepárate para un desafío mayor que se avecina.

Ora:

Señor, gracias por las veces que me has protegido y proporcionado una vía de escape. Has puesto en mí la confianza de que en la próxima y en la siguiente ocasión permanecerás fiel. Tú vas a mostrarte. Ayúdame a confiar en tu fuerza mientras continúas usándome y poniendo más desafíos en mi camino. Amén.

....

....

....

....

....

....

....

....

....

LA SABIDURÍA DE ABIGAÍL

Lee 1 Samuel 25.1–44

Versículo clave:

David le contestó: —¡Bendito sea el Señor, Dios de Israel, que te ha enviado hoy a mi encuentro! ¡Bendita tu sensatez y también tú que me has impedido hoy derramar sangre y tomarme la justicia por mi mano!

1 SAMUEL 25.32–33 BLPH

Comprende:

- *¿Alguna vez Dios te dio a conocer algo tenía que hacerse o decirse, y que tenía que ser rápido? ¿Qué es lo que hiciste?*

- *¿Qué crees que harías en la situación de Abigaíl? ¿Serías lo suficientemente valiente para presentarte ante David de esa manera?*

Aplica:

Abigaíl se describe en 1 Samuel 25 como hermosa y sabia; su esposo, Nabal, como cruel y malo. ¡Menudo contraste!

Como esposa de Nabal, Abigaíl estaba en primera fila ante la embriaguez, el egoísmo y la ira de este hombre. Ella sabía, como dijo el sirviente, que no tenía sentido tratar de razonar con Nabal.

Abigaíl actuó rápida y sabiamente. Se acercó a David y razonó con él para salvar a su familia y a los hombres de Nabal. Dejó a Nabal en manos de Dios.

¿Qué o a quién necesitas dejar en manos de Dios? Es tentador buscar la venganza o desear el daño a las personas que nos maltratan. Cuando Abigaíl dejó a su marido en manos de Dios, ¡desapareció en cuestión de días! Ten la seguridad de que los impíos verán su propia destrucción.

Somos llamadas a vivir en paz, tanto como esté en nuestra mano, y tenemos que caminar humildemente con nuestro Dios. Deja a los malhechores en sus manos, y usa tu tiempo y tus talentos para el bien como lo hizo Abigaíl.

Ora:

Señor, dame la sabiduría de Abigaíl. Ayúdame a ser alguien que resuelve problemas por tu reino. Donde sea necesaria la sabiduría, te pido que me concedas una mente sana. Cuando necesite actuar, te ruego que lo me muestres también. En el nombre de Jesús te pido estas cosas. Amén.

....

....

....

....

....

....

DIOS PONDRÁ TODAS LAS COSAS EN SU LUGAR

Lee 2 Samuel 7.1–29

Versículo clave:

Tu casa y tu reino durarán para siempre delante de mí; tu trono quedará establecido para siempre.
2 Samuel 7.16 nvi

Comprende:

- *¿A quién le revela Dios información sobre David en 2 Samuel 7?*

- *El saber que Jesús vendría con el tiempo del linaje de David ¿cómo cambia la forma en que interpretas las promesas de Dios a David en estos versículos?*

Aplica:

En el jardín del Edén, el hombre eligió alejarse de Dios. Esto se conoce como la Caída. Debido a la Caída, tenemos muerte en este mundo. No había muerte física hasta entonces. También nosotras sentimos vergüenza. Adán y Eva se vistieron con hojas de higuera para esconderse del Señor después de haber pecado contra él. Como resultado de la Caída, las cosas no están bien en el mundo. Las cosas no son como Dios las diseñó y deseó que fueran.

Cuando Dios puso al rey David en el trono, se reveló una promesa. Era la promesa de que Dios estaba estableciendo un trono que duraría para siempre. ¿Cómo es eso? Porque el propio Jesús vendría del linaje de David.

Allá por el año segundo de Samuel, Dios estaba elaborando un plan de restauración. A través de Cristo, nos reconciliamos con Dios. Y un día Dios volverá para poner todas las cosas en orden en su mundo. ¡El cielo será aún mejor que el Edén!

Ora:

Padre celestial, te agradezco que en mis días más oscuros y cuando me enfrento a la más profunda decepción puedo recordar que tú has vencido a este mundo. Estás llevando a cabo tus planes tal como lo hiciste en 2 Samuel. Un día harás que todas las cosas vuelvan a estar bien. Amén.

....

....

....

....

....

....

....

....

....

UNA MUJER SABIA

Lee 2 Samuel 20.1–26

Versículo clave:

Entonces ella dijo: —Antiguamente se solía decir: «Que pregunten en Abel, y caso resuelto». Somos israelitas pacíficos y fieles ¡y tú pretendes destruir una ciudad importante de Israel! ¿Por qué quieres arruinar el patrimonio del Señor?
2 SAMUEL 20.18–19 BLPH

Comprende:

- *¿De quién proviene el consejo sabio y piadoso que buscas?*

- *¿Alguien se acerca a ti para pedirte consejos así?*

Aplica:

Joab estaba dispuesto a destruir una ciudad entera para matar una manzana podrida, un hombre que se había vuelto contra el rey David. En lugar de quedarse de brazos cruzados y dejar que esto ocurriera, una mujer sabia alzó la voz. Defendió lo correcto. Intervino y, como consecuencia, ¡salvó la situación!

Joab escuchó la voz de la sabiduría. Escuchó el razonamiento de aquella mujer. Ella le preguntó por qué iba a destruir lo que pertenecía a Dios. ¿Por qué destruir toda la ciudad en vez de solo matar al hombre que buscaba? Joab aceptó cuando la mujer dijo que le lanzarían la cabeza del hombre por encima del muro.

Estos versículos de 2 Samuel nos explican que la mujer no solo le ofreció a Joab sabios consejos, sino que también habló sabiamente a toda la gente de la ciudad. ¿Eres lo suficientemente audaz para defender lo que es correcto, para proteger la vida humana y para ofrecer consejos sabios cuando sea necesario?

Ora:

Señor, ayúdame a saber cuándo hablar y cuándo permanecer en silencio. Hay un tiempo indicado para cada cosa, y a menudo es difícil discernir la diferencia. Ayúdame también a saber a quién acudir cuando necesito un consejo divino. En el nombre de Jesús te lo pido. Amén.

....

....

....

....

....

....

....

....

....

ELEGIDO
Lee 2 Reyes 2.1–22

Versículo clave:

Mientras ellos seguían caminando y hablando, un carro de fuego tirado por caballos de fuego los separó y Elías subió al cielo en el torbellino.

2 Reyes 2.11 BLPH

Comprende:

- *¿Cómo llegó Elías al cielo?*
- *¿Quién permaneció muy cerca de Elías hasta que ascendió al cielo?*

Aplica:

Eliseo se negó a dejar a Elías hasta el final. Se había pegado a él como el pegamento, era un amigo fiel. Tal vez quería ver a Elías ascendido al cielo para confirmar y fortalecer su propia fe. Tal vez solo quería estar con él tanto tiempo como le fuera posible. Lo que sí sabemos es que permaneció fiel. Se negó a alejarse de Elías.

Cuando Elías le preguntó a Eliseo qué podía hacer por él, el único deseo que Eliseo mostró fue tener una doble porción de su espíritu. No quería riqueza o fama, solo quería estar muy bien equipado para servir a Dios.

¿Apoyas a tus mentores espirituales, a los que enseñan y predican el evangelio, como Eliseo apoyó a Elías? ¿Te apegas más que con un hermano? ¿Y cuál es tu deseo al hacerlo? ¿Deseas aprender todo lo posible y servir a Dios de una manera aún mayor?

Piensa en tu lealtad y tus motivaciones. Serás bendecida si son puras ante Dios.

Ora:

Señor, no entiendo el misterio de por qué Elías fue alzado al cielo de esa manera. Hazme tan fiel como Eliseo a la obra de tu reino. Ayúdame a no desear otra cosa que no sea más de tu Espíritu, a tener una mayor capacidad para servirte y amarte. Amén.

....

....

....

....

....

....

....

....

....

SIMPLES ACTOS DE BONDAD

Lee 2 Reyes 4.1-44

Versículo clave:

La mujer dijo a su marido: —Mira, creo que ese que nos visita cada vez que pasa es un profeta santo. Vamos a construirle en la terraza una habitación pequeña con una cama, una mesa, una silla y un candil, para que se aloje en ella cuando venga a visitarnos.

2 REYES 4.9–10 BLPH

Comprende:

- *¿Te has esforzado mucho para mostrarle hospitalidad a alguien?*
- *¿Alguna vez alguien fue particularmente amable contigo? ¿Cómo te hizo sentir?*

Aplica:

La mujer sunamita vio una necesidad y quiso satisfacerla. Reconoció que Eliseo era un hombre santo de Dios. Le propuso a su marido que, en lugar de darle una comida cada vez que pasara por su camino, le ofrecieran una habitación en su casa. ¿No te encanta la forma en que planeó los detalles? Decidió colocar una mesa, una silla y un candil, además de la cama, en la pequeña habitación de la azotea para Eliseo.

Este simple acto de amabilidad y hospitalidad no se hizo por una recompensa. La mujer no pidió nada a cambio. Pero, sorprendentemente, por su gesto, se le concedió tener un hijo.

Cuando veas una necesidad que puedes satisfacer, hazlo. El acto de bondad más básico puede marcar la diferencia en la vida de alguien. Y Dios ve tus buenas acciones. Si no en esta vida, encontrarás tu recompensa en el cielo. El Señor se complace cuando nos servimos y nos amamos los unos a los otros.

Ora:

Señor, todos mis recursos vienen directamente de tu mano. Nada de lo que tengo, mi casa, mi auto, ni la comida de mi despensa, me pertenece. Todo es un préstamo tuyo. Por favor, muéstrame oportunidades de usar mis recursos para satisfacer las necesidades de los que me rodean. Quiero ser hospitalaria y amable como la sunamita. Te lo pido en el nombre de Cristo. Amén.

....

....

....

....

....

....

....

....

POR UN MOMENTO ASÍ

Lee Ester 4.1–17

Versículo clave:

Si no te atreves a interceder en una situación como esta, el consuelo y la liberación de los judíos vendrá de otra parte, pero tú y toda tu familia morirán. ¡Quién sabe si no has llegado a ser reina para mediar en una situación como esta!
ESTER 4.14 BLPH

Comprende:

- *¿Cómo quiere utilizarte Dios en tus circunstancias actuales?*
- *¿Estás dispuesta a arriesgarte por el reino de Dios?*

Aplica:

La historia de Ester nos recuerda la soberanía de Dios. A través de una serie de acontecimientos, Ester, que era una huérfana judía, se convirtió en reina de Persia. Cuando llegó el momento, Dios hizo llevó a Ester a entrar en escena y la usó en un papel protagonista para salvar al pueblo israelita.

Dios orquestará tu vida de una manera similar. Considera las circunstancias que Dios ha usado para traerte al lugar en que te encuentras ahora. ¿Tienes una plataforma que puedas utilizar para hacer avanzar el reino de Dios? ¿Tienes la autoridad que te permite tomar decisiones que lo honren? Quizás puedas mirar a tu izquierda y a tu derecha y puedas ver a otros que necesitan conocer al Salvador.

Estás donde estás «en una situación como esta». Sé una Ester de hoy. Arriésgate como ella lo hizo cuando se presentó ante el rey. Hay una gran recompensa en saber que estás en el centro de la voluntad de Dios.

Ora:

Señor, ayúdame a ser como Ester al arriesgarme por tu reino. Ayúdame a confiar en ti como ella lo hizo cuando se presentó ante el rey, sabiendo que la podría haber matado. Quiero hacer tu voluntad en mi vida sin importar el riesgo. Anhelo ser parte de tus planes. Amén.

....

....

....

....

....

....

....

....

....

DESTACA COMO CREYENTE

Lee Salmos 1.1–2.12

Versículo clave:

Dichoso el hombre
  que no sigue el consejo de los malvados,
  ni se detiene en la senda de los pecadores
  ni cultiva la amistad de los blasfemos,
sino que en la ley del Señor se deleita,
  y día y noche medita en ella.
SALMOS 1.1–2 NVI

Comprende:

- *¿Qué diferencia hay entre detenerse en la senda de los pecadores y seguir el consejo de los malvados?*

- *¿Cómo y cuándo meditas en la Palabra de Dios? Si esta no es tu práctica habitual, ¿cómo y cuándo empezarás?*

Aplica:

Los creyentes somos llamados a ser diferentes. Debemos destacar. No debemos parecernos al mundo, ni caminar al paso del mundo, ni siquiera acercarnos al camino del pecado que lleva a la destrucción.

Cuando se hacen bromas vulgares, ¿te ríes con todos los demás? Después de todo, no fuiste tú quien contó el chiste. Solo te unes con una risa inocente.

Cuando se difunde un chisme, ¿te acercas como si fuera un bocado jugoso o te alejas, dejando claro que no te interesa?

Cada día, el creyente tiene la oportunidad de mantenerse firme y de sobresalir. Sé diferente. No te mezcles con la multitud.

Sé como el árbol plantado junto a corrientes de aguas. Produce tu fruto. Tu hoja nunca se marchitará. Reclama la promesa dada a quien camina con Dios.

Ora:

Señor, hazme fuerte. Dame la audacia de defender lo que es correcto cuando me sienta tentada a ir por el camino del pecado. Ayúdame a vivir en tu Palabra día y noche para fortalecerme. En el nombre de Jesús. Amén.

....

....

....

....

....

....

....

....

....

ESPERA EN EL SEÑOR
Lee Salmos 27.1–28.9

Versículo clave:

Espera al Señor;
esfuérzate y aliéntese tu corazón.
Sí, espera al Señor.
SALMOS 27.14 LBLA

Comprende:

- *La fuerza y el coraje se mencionan en Salmos 27.14. ¿Estás esperando algo que requiere fuerza y valentía?*

- *Somos llamados a esperar al Señor. Su tiempo es perfecto. ¿Dónde has experimentado esto en tu vida?*

Aplica:

El salmista clama a Dios en el salmo 27. Declara a Dios como su luz, su salvación, su ayuda, su defensa y el que levanta su cabeza. Lo llama Señor. Dice que incluso su madre y su padre lo abandonaron, pero que Dios sigue siendo fiel. Recibió protección de Dios. Luego nos aconseja que seamos fuertes y valientes y que esperemos al Señor.

Puede que te encuentres en un lugar desierto en este momento. Puede que no sientas que Dios «te cubre las espaldas», pero sí que lo hace. Él está cumpliendo su voluntad para tu vida, incluso cuando no puedes sentirlo. Mientras te encuentras en la oscuridad, confía y recuerda lo que has visto en la luz. Llegará el día en que mirarás atrás y verás cómo Dios estuvo contigo incluso en los momentos más difíciles.

Espera en el Señor. Él está cerca.

Ora:

Señor, cuando no te sienta cerca, recuérdame que prometes no dejarme ni abandonarme. Eres mi protector y proveedor. Te alabaré todos los días de mi vida. Ayúdame a esperar cuando se me pida que lo haga. Te lo pido en el nombre de Jesús. Amén.

....

....

....

....

....

....

....

....

....

....

....

INVOCA AL SEÑOR
Lee Salmos 86.1–87.7

Versículo clave:

Escucha, oh Jehová, mi oración,
Y está atento a la voz de mis ruegos.
En el día de mi angustia te llamaré,
Porque tú me respondes.
SALMOS 86.6–7 RVR1960

Comprende:

- *Cuando tienes problemas, ¿a quién llamas primero? ¿A una amiga? ¿A un familiar?*

- *El salmista declara que llamará al Señor en el día de la angustia. ¿Por qué? ¿Cuál sería el resultado según los versículos clave de hoy?*

Aplica:

Conoces este tipo de día. Todo sale mal. Justo cuando creías que estabas en la peor situación, incluso financiera, se te estropea el calentador de agua. O tus impuestos de propiedad suben drásticamente. O la escuela está pidiendo más dinero por las actividades extraescolares. Además de todo eso, en tu familia parece que nadie se lleva bien. Todos están discutiendo. Ponen los ojos en blanco y no paran de echarse las culpas unos a otros. También hay cotilleos y discusiones. ¡Solo quieres gritar para que te saquen de ahí!

Cuando tienes uno de estos días, ¿a quién llamas primero? Muchas mujeres tienden a tomar el teléfono para llamar a su amiga, madre o hermana. La próxima vez que estés luchando, en lugar de ir a tu teléfono, llama a tu Padre celestial. Dios siempre está ahí y se preocupa por ti. Quiere que te dirijas a él. Él responderá.

Ora:

Señor, en lugar de descargar mis problemas en mi marido o en mi madre, elegiré invocar tu poderoso nombre. Mis amigas y hermanas no pueden hacer mucho, pero tú eres el Dios soberano del universo. Eres lo suficientemente grande como para arreglar incluso mi peor día. Gracias por escuchar mis oraciones y responder cuando estoy en problemas. Amén.

....

....

....

....

....

....

....

....

SEGURA EN CRISTO

Lee Salmos 91.1–92.15

Versículo clave:

Yo lo libraré, porque él se acoge a mí;
  lo protegeré, porque reconoce mi nombre.
Él me invocará, y yo le responderé;
  estaré con él en momentos de angustia;
  lo libraré y lo llenaré de honores.
Lo colmaré con muchos años de vida
  y le haré gozar de mi salvación.
SALMOS 91.14–16 NVI

Comprende:

- *Haz una lista de todas las acciones que Dios promete cumplir en el salmo 91. ¿Cuáles te parecen especialmente reconfortantes?*

- *¿Cuándo promete Dios responder a la oración en Salmos 91.15?*

Aplica:

Se dice que la mayor necesidad de un hombre es el respeto y la mayor necesidad de una mujer es la seguridad. ¿Estás de acuerdo en que deseas sentirte segura? La mayoría de las mujeres responden con un «sí» rotundo.

La buena noticia es que, tengas o no un marido, tienes un Dios que se encarga de protegerte. Bajo la sombra de sus alas, estás a salvo (ver Salmos 36.7).

El salmo 91 está lleno de verbos intensos que describen a tu Dios aun más poderoso. Palabras como *rescatar, salvar, cubrir, vigilar, proteger* y *entregar*, solo por nombrar algunas, nos ayudan a tener una idea clara de la seguridad que tenemos en Dios. Él es mejor que el guardaespaldas o el vigilante más fuerte de la tierra.

El salmo 92 describe al justo como alegre, exaltado, próspero y que da fruto. Si confías en el Señor para tu seguridad, nunca sentirás decepción. Y al final, para ser la mujer segura que él desea que seas.

Ora:

Ayúdame, Padre, a depender de ti para mi seguridad. Gracias por tu constante protección. Guíame en tus caminos, y ayúdame a reverenciarte y a vivir a la sombra de tus alas, segura de mi fe. Amén.

....

....

....

....

....

....

....

LA ECONOMÍA DE DIOS
Lee Salmos 113.1–114.8

Versículo clave:

Él levanta al pobre del polvo,
y al necesitado saca del muladar,
para sentarlos con príncipes,
con los príncipes de su pueblo.
SALMOS 113.7–8 LBLA

Comprende:

- *¿Cómo se humilló Jesús cuando vino a la tierra? ¿Por qué lo hizo?*

- *Dios elige antes a los humildes que a los que tienen riqueza o poder. Menciona algunos ejemplos de esto en la Biblia.*

Aplica:

En este mundo, los que tienen poder o dinero suelen terminar en la cima. Conducen autos de lujo, tienen los mejores trabajos y experimentan todos los lujos que esta vida ofrece. En la economía de Dios, las cosas son bastante diferentes. A menudo elige exaltar a los humildes.

Dios eligió a una prostituta llamada Rajab para proteger a algunos de sus hombres. Incluso envió a su propio Hijo a la tierra para que naciera en un pesebre y se criara en la casa de José, un carpintero. Jesús nombró a los pescadores como sus discípulos más cercanos, aquellos que vivieron con él a lo largo de su ministerio terrenal.

Alabemos a Dios por ser Dios. No hay otro como él, como declara el salmo 113. Démosle las gracias por mirar los corazones de los hombres y mujeres en lugar de fijarse en el exterior. Recuerda ver a los demás como Dios los ve. Son preciosos a sus ojos, sin importar su estatus o condición.

Ora:

Señor, tú eres capaz de cambiar cosas en nuestras vidas. El salmo 113 dice que das hijos a las mujeres estériles, que sientas a los pobres en tu mesa como invitados. Gracias por amarnos tanto. Amén.

....

....

....

....

....

....

....

....

....

....

EN BUENA ESPERA
Lee Salmos 130.1–132.18

Versículo clave:

*Espero al Señor, lo espero con toda el alma;
en su palabra he puesto mi esperanza.*
Salmos 130.5 nvi

Comprende:

- *¿Alguna vez has tenido que esperar mucho tiempo para algo? ¿Cómo te sentiste?*
- *¿Cómo crees que es poner tu esperanza en la Palabra de Dios mientras esperas?*

Aplica:

Muchas veces en la vida nos toca esperar. Hacemos cola en los cines y en los supermercados. Esperamos a la Navidad y a los cumpleaños. Como humanos, sabemos muy bien lo que es la espera. ¿Cuán paciente eres a la hora de esperar? ¿Refunfuñas o pierdes la fe? ¿O pones toda tu confianza en Dios?

El salmista nos dice que todo su ser espera al Señor. Cuando descansamos en Dios con todo nuestro ser, él se reúne con nosotros allí donde estamos. Busca el descanso mental, emocional, físico y espiritual ante Dios. Él es Abba Padre, tu papá. Él tiene el mejor interés en su corazón, y siempre llega en el momento indicado.

Espera en el Señor, y reclama las promesas que te ha dado en su Palabra. No se olvida de ti. Nunca te dejará. Es tu Buen Pastor. Él te guiará, y la espera, al final, valdrá la pena.

Ora:

Señor, mientras espero, ayúdame a saber que tu tiempo siempre es el adecuado para mí. Siempre tienes en el corazón lo mejor para mí. Mientras espero, ayúdame a recordar tus promesas y a confiar en tu Palabra. Amén.

....

....

....

....

....

....

....

....

....

....

....

....

UNA MADRE SABIA
Lee Proverbios 1.1–33

Versículo clave:

Hijo mío, presta atención cuando tu padre te corrige;
no descuides la instrucción de tu madre.
Lo que aprendas de ellos te coronará de gracia
y será como un collar de honor alrededor de tu cuello.
Proverbios 1.8–9 ntv

Comprende:

- *Según los primeros siete versículos de Proverbios 1, ¿para qué se escribieron los proverbios?*

- *Si eres madre, ¿enseñas y corriges a tus hijos de tal manera que la gracia y el honor sean su recompensa si atienden a tus palabras?*

Aplica:

¿Qué les estás enseñando a tus hijos? ¿Los corriges cuando su comportamiento o actitud no es bueno? Si lo haces, ánimo. Eres el tipo de madre de la que se habla en Proverbios 1.8–9.

Como madre, tienes la obligación de aprovechar los momentos de enseñanza con tus hijos. Eres la responsable de enseñarles los caminos de Dios. También de corregirlos cuando sea necesario.

Demasiadas madres hoy en día dejan que sus hijos lleven la batuta. Esto no proviene de Dios. Asegúrate de que, mientras enseñas y disciplinas a tus hijos, piensas en su futuro. ¿Qué será lo mejor para ellos, consentirlos o enseñarles? ¿Que se les permita la libertad total o que aprendan a controlarse? Asegúrate de que estás criando a tus hijos de acuerdo con la voluntad de Dios.

Criar a tus hijos conforme a la voluntad de Dios dará sus frutos. Proverbios afirma que tus hijos recibirán gracia y honor como recompensa por seguir tus instrucciones.

Ora:

Ayúdame, Señor, a ser una madre que enseña y corrige a sus hijos. Donde soy perezosa, dame un nuevo enfoque. Donde he permitido demasiada libertad, recuérdame que mis hijos necesitan límites. Quiero ser una madre que cumple la voluntad de Dios, y que mis hijos se beneficien de estas enseñanzas. Amén.

....

....

....

....

....

....

....

....

EDIFICA TU CASA
Lee Proverbios 14.1–45

Versículo clave:

La mujer sabia edifica su casa,
pero la necia con sus manos la derriba.
PROVERBIOS 14.1 LBLA

Comprende:

- *Proverbios 14 muestra un contraste entre dos tipos de individuos. ¿Cuáles son?*

- *¿Cuáles son los verbos, o palabras de acción, en Proverbios 14.1? Examina el significado de cada uno de ellos. ¿A cuál dedicas más tiempo y acciones?*

Aplica:

El hogar es el lugar de cobijo para la familia. Es un lugar de paz donde una familia busca refugiarse del mundo. Algunas mujeres entienden bien esto, y otras, no.

La mayoría de las veces, la mujer de la casa marca el tono del hogar. ¿Estableces un tono de paz o de conflicto? ¿Cómo saludas a tu marido y a tus hijos al final de una larga jornada? ¿Lanzas directamente una lista de cosas que hay que hacer? ¿Te quejas? ¿O brindas calidez, cariño y aceptación?

La mujer sabia busca satisfacer las necesidades de su familia. Es responsable con la economía. Ella apoya y fortalece a su marido y a sus hijos. Gestiona las cosas en lugar de abandonarlas. Un hogar no debería ser un lugar de desorden y alboroto.

Procura honrar a Dios siendo alguien que edifica su casa, no que la destruye.

Ora:

Señor, perdóname por las veces que he olvidado la importancia de mi rol. Quiero ser considerada una mujer sabia y no una que derriba su propia casa. Ayúdame a ser una compañera para mi esposo y para mis hijos, aprendiendo, para poder conocer las formas de edificarlos y animarlos mejor. Amén.

....

....

....

....

....

....

....

....

....

¿TE GUSTAN LAS DISCUSIONES O LA PAZ?

Lee Proverbios 27.1–27

Versículo clave:

Gotera continua en tiempo de lluvia
Y la mujer rencillosa, son semejantes;
Pretender contenerla es como refrenar el viento,
O sujetar el aceite en la mano derecha.
Proverbios 27.15–16 rvr1960

Comprende:

- *¿Tu esposo (u otra persona cercana a ti) te describiría como pacífica o como conflictiva?*

- *¿Es fácil refrenar el viento o sujetar el aceite con la mano? Piensa en el significado de estos versículos. ¿Es posible lograrlo? ¿Cómo afecta a tu actitud el ser una persona conflictiva?*

Aplica:

Proverbios ofrece consejos para tener una vida enfocada en Dios. Los versículos clave de hoy apuntan hacia la comprensión de lo grave que es ser una esposa contenciosa. Otras traducciones usan la palabra «peleona» en lugar de «rencillosa».

¿Qué es lo primero que le dices a tu marido cada mañana? ¿Qué es lo último que comentan por la noche? ¿Lo ayudas en un día de trabajo duro o le molestas con las tareas sin hacer? ¿Lo saludas con un abrazo y un beso, o con quejas?

Toma nota de la advertencia de este proverbio. Ningún hombre quiere formar su hogar con una mujer conflictiva. Tratar de cambiar este rasgo en una mujer es como tratar de contener el viento o sujetar aceite en la mano. La próxima vez que empieces a pelear, controla tu lengua. Encuentra una manera de alabar a tu marido en lugar de pelear. Observa la diferencia que esto marca en tu matrimonio.

Ora:

Señor, no pretendo ser rencillosa, pero últimamente me encuentro viviendo en lo negativo. Ayúdame a concentrarme en los puntos fuertes de mi marido y a ser una esposa que da apoyo y amor. Mira en lo profundo de mi corazón y ayúdame a erradicar cualquier rencilla. Amén.

....

....

....

....

....

....

....

UNA MUJER DE PROVERBIOS 31

Lee Proverbios 31.1–30

Versículo clave:

Engañoso es el encanto y fugaz la belleza;
*   la mujer que respeta al Señor es digna de alabanza.*
PROVERBIOS 31.30 BLPH

Comprende:

- *¿Qué rasgos te impresionan en tus amigas?*

- *Al leer el capítulo, subraya o resalta los rasgos de esta mujer piadosa que se describe en Proverbios 31. ¿Cuáles de estos rasgos posees? ¿Cuáles piensas desarrollar?*

Aplica:

La mujer de Proverbios 31 puede resultar un ejemplo abrumador. Es difícil compararse con este increíble ejemplo. Pero el pasaje nos da una imagen de una mujer, esposa y madre piadosa. Todas podemos aprender de estas palabras que nos aconsejan levantarnos cada día y esforzarnos por ser buenas cristianas en todo lo que hacemos.

¿Eres una mujer de Proverbios 31? No puedes inspeccionar tus campos o tejer lino. Pero ¿mantienes a tu familia de todas las maneras posibles? ¿Pospones las cosas y no haces nada, o te levantas temprano para asegurarte de que todo esté listo para tu familia? Hay mucho que aprender en Proverbios 31.

El versículo 30 nos recuerda que la belleza exterior es solo temporal. Pero el escritor señala que la mujer que teme al Señor debe ser alabada. La mujer que tiene sus prioridades claras, como leemos en este capítulo, debe ser honrada y respetada.

Ora:

Dios, ayúdame a ser una mujer de Proverbios 31. Quiero ser una esposa digna de confianza y una madre honorable que atiende a las necesidades de mi familia. Quiero ser resistente cuando esté cansada. Dame una dosis extra de altruismo cuando sea necesario. Te lo pido en el nombre de Jesús. Amén.

....

....

....

....

....

....

....

....

....

....

UN TIEMPO PARA TODO

Lee Eclesiastés 3.1–22

Versículo clave:

Todo tiene su tiempo, y todo lo que se quiere debajo del cielo tiene su hora.
ECLESIASTÉS 3.1 RVR1960

Comprende:

- *¿Cuál de los versículos de Eclesiastés 3 has experimentado (por ejemplo, un tiempo de luto)? ¿Hay alguno que no hayas experimentado todavía?*

- *¿Qué significa que Dios es soberano? ¿Cómo se ve su soberanía en este capítulo?*

Aplica:

¿Has experimentado alguno de los tiempos mencionados en Eclesiastés 3?

Cuando muere un hijo, es un tiempo de duelo. También es un tiempo para guardar silencio, simplemente para entender que no hay palabras para tal pérdida. Es el momento de estar ahí para la familia, pero no el momento de tratar de arreglar el dolor con palabras. Cuanto menos se hable, mejor.

También hay momentos para el regocijo. ¿Lo has experimentado estando en bautizos, bodas y otros acontecimientos especiales? Sin duda, estas cosas hay que celebrarlas.

Hay momentos para llorar y otros para reír. Gracias a Dios que el dolor viene en oleadas. Al igual que cuando el poderoso océano nos lanza un fuerte golpe y perdemos el equilibrio, después llega un período de calma en el que recuperamos el equilibrio.

Acepta la soberanía de Dios. Acepta los cambios que la vida te dará. Hay un tiempo para todo.

Ora:

Padre celestial, ayúdame a saber cómo reaccionar ante los cambios a lo largo de mi vida. Guíame mientras busco el equilibrio entre la risa y el dolor, la alegría y el luto. La vida es una aventura. Gracias por estar conmigo en cada momento y en cada estación. Amén.

....

....

....

....

....

....

....

....

....

LA FUERZA DE DIOS

Lee Isaías 40.1–41

Versículo clave:

Él da poder a los indefensos
y fortaleza a los débiles.
ISAÍAS 40.29 NTV

Comprende:

- *Isaías 40 hace muchas declaraciones sobre Dios. ¿Cuál te llama la atención? ¿Por qué?*

- *¿Qué es lo que te quita la fuerza y el poder en este mundo caído?*

Aplica:

El profeta Isaías le pide al lector que considere a quién se puede comparar con Dios. Y nos recuerda que Dios pone las estrellas en el cielo y las conoce por su nombre. Señala la grandeza de Dios, diciendo que todas las naciones son como un grano de arena en la mano de Dios.

En el versículo clave de hoy, vemos que el poder y la fuerza son dones de Dios. Él está lleno de poder, da a sus hijos el mismo poder. Él es la Fuente. Solo tenemos que aprovechar esa Fuente para llenarnos de fuerza.

¿Qué te deja vacía? ¿El trabajo? ¿Una relación desestructurada? ¿Cuidar de tu familia? ¿Las viejas heridas que nunca parecen cicatrizar por completo? Lo que sea que te quite la fuerza, déjalo y pídele a Dios que te llene de poder. ¡Él anhela verte prosperar de nuevo! Como dice la canción infantil: «Yo soy débil, pero él es fuerte. Sí, Jesús me ama».

Ora:

Jesús, yo soy débil, pero tú eres fuerte. tú eres poderoso, y necesito algo de ese poder para soportar el día. Bendíceme, te lo ruego. Lléname de fuerzas para enfrentarme a este mundo con confianza y valor. ¡Te necesito en todo momento! Gracias por ser la fuente de poder que eres para mi vida. Amén.

....

....

....

....

....

....

....

....

....

....

....

....

EL SEÑOR ESTÁ CONTIGO

Lee Isaías 41.1–29

Versículo clave:

No temas, porque yo estoy contigo;
no te desalientes, porque yo soy tu Dios.
Te fortaleceré, ciertamente te ayudaré,
sí, te sostendré con la diestra de mi justicia.
ISAÍAS 41.10 LBLA

Comprende:

- *¿Cómo es mirar ansiosamente a tu alrededor en tu propia vida en tiempos de problemas? ¿A quién estás tentada a recurrir antes de acudir a Dios? ¿Cómo te sientes?*

- *¿Cuáles son las promesas de Dios en este versículo?*

Aplica:

¿Cuáles son las promesas de Dios en este versículo? Señálalas. Él promete que está contigo. Dice que es tu Dios. Dice que te fortalecerá y te ayudará. Él promete sostenerte con su diestra. ¡Son muchas promesas para un solo versículo!

Aunque estas promesas eran originalmente para los israelitas, son válidas para todos los creyentes, y podemos encontrar un gran consuelo en ellas.

¿Qué te pide Dios en este versículo? Él te dice que no temas y que no mires alrededor con ansiedad. Es una tarea difícil, ¿no? Cuando llegan los tiempos difíciles, nuestra reacción humana es agarrar el teléfono y llamar a una buena amiga o a un pariente. Resiste este impulso. Mira primero y sobre todo a tu Dios que promete estar contigo y ayudarte. Llévale tus miedos y preocupaciones. Él es lo suficientemente grande como para ocuparse de todo.

Ora:

Señor, sé que tú estás conmigo. A veces miro alrededor con ansiedad, llamando a todo el mundo menos a ti. Recuérdame que te busque primero a ti cuando lo necesite. Estás listo para ayudarme. ¡Qué bendición! Amén.

....

....

....

....

....

....

....

....

....

UN NUEVO NOMBRE
Lee Isaías 61.1–62.12

Versículo clave:

Nunca más te llamarán Desamparada, ni tu tierra se dirá más Desolada; sino que serás llamada Hefzi-bá, y tu tierra, Beula; porque el amor de Jehová estará en ti, y tu tierra será desposada.
ISAÍAS 62.4 RVR1960

Comprende:

- *¿Hay nombres que te has dado a ti misma o con los que sientes que otros te han etiquetado?*

- *¿No es hora de dejar algunas de esas etiquetas y verte como Dios te ve?*

Aplica:

El pueblo de Dios estuvo exiliado durante años. Dios miró a Israel y declaró que tendrían un nuevo nombre. Dijo que su nuevo nombre significaría que él se deleita en su pueblo. Se uniría a su pueblo como un novio elige unirse a su novia.

¿Qué nombre has estado usando durante demasiado tiempo? ¿Te sientes abandonada, como Israel? ¿Desolada? ¿Te sientes indigna? ¿Te han etiquetado otros, o tú misma, como un fracaso?

¿Qué nombre necesitas cambiar por uno nuevo? Dios no te llama con esos nombres. Dios se deleita en ti. Él te creó y anhela disfrutar de la comunión contigo. Eres su hija. Como creyente, se te ha dado un nuevo nombre. No te aferres al pasado. Abre los ojos al brillante futuro que él tiene para ti.

Ora:

Señor, estoy cansada de los viejos nombres. Los he escuchado por mucho tiempo. Quiero tener un nombre nuevo. Quiero verme como tú me ves. Ayúdame, Padre, a recordar que estoy hecha a tu imagen y que te deleitas en mí. Amén.

....

....

....

....

....

....

....

....

....

....

TRAZAR LÍMITES
Lee Daniel 1.1–21

Versículo clave:

Dios hizo que Daniel se ganara la benevolencia y el favor del jefe del personal.
DANIEL 1.9 BLPH

Comprende:

- *¿Qué le pidió Daniel a Aspenaz en Daniel 1? ¿Cómo mostró Dios su favor a Daniel en esta petición?*

- *En tu propia vida, ¿qué límite has trazado por ser una persona aparte como hija de Dios?*

Aplica:

Daniel no quería ni comer la comida ni beber el vino del rey de Babilonia porque eso le haría impuro. Pidió permiso para abstenerse, y encontró el favor del oficial principal del rey en esta petición.

Como el joven Daniel, un israelita en el reino de Babilonia, tú también vives en una sociedad que se opone a los caminos de Dios. ¿Qué límites has trazado al ser una hija de Dios? ¿Has establecido un límite en lo relativo a tu forma de vestir, las películas que ves o el consumo de alcohol? Tal vez hay algo más en lo que has trazado una línea en la arena.

Dios hizo que Daniel encontrara el favor del oficial principal. Mientras buscas honrar a Dios, él pondrá a las personas y las circunstancias en su lugar para bendecirte. Confía en él, y sigue viviendo según sus costumbres a pesar de la oposición de los que te rodean.

Ora:

Señor, gracias por el maravilloso ejemplo de Daniel en la Biblia. Su historia me inspira a establecer límites y a vivir de acuerdo con tu voluntad y tus caminos, a pesar de la cultura que me rodea. Dame fuerza para honrarte con mis decisiones. En el nombre de Jesús te lo pido. Amén.

ARREPENTIMIENTO VERDADERO
Lee Joel 2.1–32

Versículo clave:

Rásguense el corazón
  y no las vestiduras.
Vuélvanse al Señor su Dios,
  porque él es bondadoso y compasivo,
lento para la ira y lleno de amor,
  cambia de parecer y no castiga.
JOEL 2.13 NVI

Comprende:

- *¿Alguna vez te has sentido realmente desanimada por tu propio pecado?*

- *En Joel 2.13, ¿qué adjetivos se usan para describir la reacción de Dios al que vuelve a él? En otras palabras, al que se arrepiente del pecado.*

Aplica:

Qué fácil es para nosotros juzgar a los israelitas cuando leemos las historias de lo rápido que se olvidaron de las bendiciones de Dios. Pero nosotros hacemos lo mismo, ¿verdad?

Cuando pecas, Dios observa tu reacción a ese pecado. Él sabe que vas a caer. Vivimos en un mundo hundido. ¿Pero intentas ocultar tu pecado? ¿Lo minimizas, pensando para ti misma: *Bueno, comparado con esta otra persona, no peco tanto?*

El pecado debería romper nuestros corazones. Dios desea ver más que una expresión externa de esta ruptura. En la época de Joel, la gente rasgaba sus ropas para expresar su dolor por el pecado. El verdadero arrepentimiento implica una pena interior, un desgarro del corazón. Cuando nos presentamos ante él rotos y arrepentidos por nuestro pecado, Dios nos perdona rápidamente.

Ora:

Dios, examina mi corazón. Muéstrame si hay alguna actitud sobre mi pecado que te disguste. Si me apresuro a descartarlo como algo «no tan malo», humíllame. Recuérdame que tú eres santo y que el pecado es pecado. Rompe mi corazón por mi pecado para que pueda arrepentirme de verdad y conocer tu compasión en mi vida. Amén.

....

....

....

....

....

....

....

SEGUIR EL LLAMADO DE DIOS

Lee Jonás 1.1–2.10

Versículo clave:

El Señor, por su parte, dispuso un enorme pez para que se tragara a Jonás, quien pasó tres días y tres noches en su vientre.
Jonás 1.17 NVI

Entonces Jonás oró al Señor su Dios desde el vientre del pez. Dijo:
«En mi angustia clamé al Señor,
y él me respondió.
Desde las entrañas del sepulcro pedí auxilio,
y tú escuchaste mi clamor».
Jonás 2.1–2 NVI

Comprende:

- ¿Por qué Jonás terminó en el vientre de un gran pez?

- ¿Alguna vez has dado media vuelta y has intentado esconderte de algo que Dios te llamaba a hacer? ¿Cómo terminó?

Aplica:

Jonás evitó el claro llamado de Dios a Nínive porque sabía que Dios perdonaría a los asirios de Nínive. Jonás creía que no merecían la misericordia de Dios. Huyó a una tierra lejana para esconderse de Dios.

Al igual que el intento de sus predecesores de esconderse de Dios en el jardín del Edén, el intento de Jonás no tuvo éxito. Dios estuvo con él en todos los lugares a los que fue. Nunca perdió de vista a Jonás.

El Señor dispuso que el gran pez se tragara a Jonás para salvarle la vida cuando los marineros lo tiraran por la borda. Lo que Jonás recibió no fue solo un salvavidas físico. Su corazón cambió en el vientre del pez. Se hundió en lo más profundo y clamó a Dios.

La próxima vez que sientas claramente que Dios te llama a hacer algo, hazlo. Aprende de Jonás. Jonás creía que sabía más que Dios, pero Dios, en su soberanía, siempre tiene una razón para pedirles a sus hijos lo que les pide.

Ora:

Dios, estoy agradecida de que Jonás siguiera tus instrucciones al final. Como resultado, muchos llegaron a conocerte. Ayúdame a confiar en que, aunque yo no lo vea claro en el momento, tú conoces los planes y mi parte es simplemente obedecer. Haz que sea sensible a tu voz para poder escuchar tu llamado en mi vida. Amén.

....

....

....

....

....

....

DIOS SOBERANO
Lee Miqueas 5.1-6.8

Versículo clave:

Pero de ti, Belén Efrata,
pequeña entre los clanes de Judá,
saldrá el que gobernará a Israel;
sus orígenes se remontan hasta la antigüedad,
hasta tiempos inmemoriales.
MIQUEAS 5.2 NVI

Comprende:

- *Miqueas profetiza sobre un gobernante que vendrá de Belén. ¿Quién es este gobernante?*

- *Cuando lees los versículos del Antiguo Testamento que predicen la venida del Mesías, ¿qué piensas? ¿Cómo te impacta?*

Aplica:

¿Has cantado alguna vez el viejo villancico «Oh, pueblecito de Belén»? ¡El profeta Miqueas profetizó muchos años antes del nacimiento de Cristo que un gobernante vendría de la pequeña ciudad de Belén!

¿No es asombroso que los profetas predijeran la llegada de Cristo? Dios tenía un plan para redimir a la humanidad desde el principio. En el momento justo, Dios envió a su Hijo para redimirnos (ver Gálatas 4.4–5).

Descansa sabiendo que sirves a un gran Dios. Si él es lo suficientemente sabio para elaborar un plan para salvarnos del pecado, ¿no es capaz de controlar las heridas y los problemas de tu vida? Acércate a él, reconoce su presencia y deja tus preocupaciones a los pies del Rey soberano.

Ora:

Señor, ayúdame a confiar en tu soberanía. Eres el gran Creador. Reinas sobre el universo. Pones las estrellas en su lugar y las llamas por su nombre. Sin duda, eres capaz de manejar mi insignificante vida. Te amo. Ayúdame a pasar este día, a confiar en ti en cada momento. Amén.

....

....

....

....

....

....

....

....

....

....

DIOS TE CANTA
Lee Sofonías 3.1–20

Versículo clave:

El Señor, tu Dios, está contigo;
él es poderoso y salva.
Se regocija por ti con alegría,
su amor te renovará,
salta de júbilo por ti.
SOFONÍAS 3.17 BLPH

Comprende:

- *¿Cuáles son las promesas que se encuentran en Sofonías 3.17? Nombra cada una de ellas.*

- *¿Cuál es tu necesidad más profunda hoy?*

Aplica:

Aunque esta promesa fue en su origen para los israelitas, sabemos que estas promesas también son verdaderas para nosotros hoy. Dios te ha salvado si has puesto tu fe en Cristo (ver Hechos 4.12). Puedes descansar en su amor incondicional (ver Mateo 11.28–30).

¿Te consuela hoy saber que, cuando descansas en el Señor, él te canta y se deleita en ti? ¿Alguna vez has acunado a uno de tus hijos para que se duerma, cantándole hasta que esos pequeños párpados se cierran?

No hay nada más apacible y delicioso que ver a tu hijo descansar. ¡Así es como Dios se siente contigo!

Descansa en el Señor. Refúgiate de los ajetreos y las dificultades del mundo. Encuentra la paz en sus brazos, y permite que tu Padre celestial te cante hasta que las cosas parezcan más llevaderas.

Ora:

Señor, oír que me cantas a mí te hace más cercano que lejano. Sé que deseas que yo halle descanso en ti. Ayúdame a confiar en ti lo suficiente para entregar mis más profundos miedos y penas en tus poderosas manos. Te lo pido en el nombre de Jesús. Amén.

....

....

....

....

....

....

....

....

....

....

DAR

Lee Malaquías 3.1–18

Versículo clave:

Traigan íntegro el diezmo para los fondos del templo, y así habrá alimento en mi casa. Pruébenme en esto —dice el SEÑOR Todopoderoso—, y vean si no abro las compuertas del cielo y derramo sobre ustedes bendición hasta que sobreabunde.
MALAQUÍAS 3.10 NVI

Comprende:

- *¿Cuál es la promesa de Dios aquí en relación con el diezmo?*

- *¿Le das el diez por ciento de todo lo que ganas al Señor? Si no, ¿estos versículos te motivan a empezar a ofrendar regularmente a la obra del Señor?*

Aplica:

¿Cuál es el primer cheque que firmas después de cobrar? Ya sea a principios de cada mes o al final de cada dos semanas, es probable que haya un día normal en el que recibas el pago por tu trabajo. Uno de los mejores hábitos que un cristiano puede adquirir es el de retornar parte de sus bienes al Señor. Después de todo, todo lo que tenemos viene de él.

Primera de Corintios 16.2 señala que los creyentes debemos dar con regularidad, individualmente y en proporción a nuestros ingresos. Muchos creyentes dan el diez por ciento. Otros empiezan con esto y aumentan sus donaciones. La cantidad exacta que le das al Señor es personal, entre tú y Dios. Lo que importa es que no des por obligación, sino con alegría (ver 2 Corintios 9.6–7). La Biblia garantiza que los que dan generosamente son a su vez bendecidos. ¡Esta es una promesa que puedes «contabilizar»!

Ora:

Señor, me siento bendecida por tener la oportunidad de contribuir a la obra de tu reino. Hazme ver las ofrendas y diezmos como una bendición y no como una carga. Te lo pido en el nombre de Jesús. Amén.

....

....

....

....

....

....

....

....

....

DEJA QUE TU LUZ BRILLE
Lee Mateo 5.1–48

Versículo clave:

Así brille vuestra luz delante de los hombres, para que vean vuestras buenas acciones y glorifiquen a vuestro Padre que está en los cielos.
MATEO 5.16 LBLA

Comprende:

- *¿Con qué bendición de las Bienaventuranzas te puedes identificar? ¿Por qué te conmueve más profundamente?*

- *¿Por qué debemos dejar que nuestra luz brille ante los hombres, según Mateo 5.16?*

Aplica:

Hay una canción para niños que se canta en muchas iglesias y que dice así: «Esta pequeña luz mía, voy a dejarla brillar ... Déjala brillar hasta que venga Jesús ... Voy a dejarla brillar».

¿Pero qué significa dejar que tu luz brille?

Significa que has sido llamada, como seguidora de Cristo, a vivir de forma diferente. Tus palabras deben diferenciarte. Tu actitud debería distinguirte de los demás. Deberías parecer casi como un extraterrestre viviendo en esta tierra porque, de hecho, eso es lo que eres. Este no es tu hogar. Tu hogar está en el cielo con tu Padre.

Tus buenas acciones no son para darte gloria, sino para iluminar el camino que conduce a tu Padre. Cuando te pregunten por qué vives como lo haces, preséntales a Dios. Deja que tu luz brille para que la gente lo conozca.

Ora:

Señor, dame hoy la oportunidad de que mi luz brille para ti. Ayúdame a ser audaz en mis acciones y con mis palabras para que otros puedan llegar a la salvación a través de Cristo. Amén.

....

....

....

....

....

....

....

....

....

....

....

TU PADRE VE

Lee Mateo 6.1–34

Versículo clave:

Mas cuando tú des limosna, no sepa tu izquierda lo que hace tu derecha, para que sea tu limosna en secreto; y tu Padre que ve en lo secreto te recompensará en público.
MATEO 6.3–4 RVR1960

Comprende:

- ¿Cuáles son algunas de las obras de caridad que has hecho recientemente o que has pensado hacer?

- ¿Por qué crees que es importante para Dios que los creyentes hagamos obras de caridad en secreto?

Aplica:

¿Has recibido alguna vez un regalo anónimo? Quizás fuese algo pequeño, como un caramelo que encontraste en tu escritorio o en tu buzón de la oficina sin una nota adjunta. Tal vez fue un regalo más grande, como una deuda pagada por un héroe desconocido. ¿Cómo te hizo sentir?

Dios quiere que sus hijos den con generosidad. Su dador favorito es el que da con alegría (ver 2 Corintios 9.7). Y él nos ve cuando vamos a dar en silencio. Dios no quiere que busquemos recibir gloria por nuestra ofrenda. Más bien, por medio de nuestra ofrenda callada o anónima, ¡él recibe la gloria!

Dale a Dios toda la gloria. Haz un acto de bondad al azar y sonríe mientras te vas, sabiendo que no buscas la alabanza del hombre, sino una recompensa que solo viene de tu Padre celestial.

Ora:

Señor, ayúdame a hacer actos de caridad, no para la gloria del hombre, sino para darte la gloria a ti. No buscaré la recompensa de los que me rodean, sino la recompensa que viene solo de ti. Amén.

....

....

....

....

....

....

....

....

....

....

NO JUZGUES
Lee Mateo 7.1–29

Versículo clave:

¿Y por qué miras la mota que está en el ojo de tu hermano, y no te das cuenta de la viga que está en tu propio ojo? ¿O cómo puedes decir a tu hermano: «Déjame sacarte la mota del ojo», cuando la viga está en tu ojo? ¡Hipócrita! Saca primero la viga de tu ojo, y entonces verás con claridad para sacar la mota del ojo de tu hermano.
Mateo 7.3–5 lbla

Comprende:

- *¿Alguna vez estuviste tentada a juzgar a alguien antes de conocerlo?*
- *¿Por qué esto es peligroso?*

Aplica:

A veces, un niño delata a otro para así parecer mejor él. Esto no es solo un acto infantil. Desafortunadamente, nosotras como adultas a menudo menospreciamos a otras personas para vernos nosotras como mejores. Es más fácil fijarse en la culpa de otro que en la nuestra.

¿Alguna vez has cometido el error de juzgar a alguien y luego te has dado cuenta de que te equivocaste? ¿Acaso no es fácil mirar a la mujer divorciada y preguntarse qué hizo para arruinar su matrimonio? ¿Alguna vez has juzgado a los padres en el supermercado o en un restaurante por dejar a sus hijos sueltos y descontrolados?

Dios es amor, y quiere que nos amemos unos a otros. No debemos cotillear, calumniar ni juzgarnos los unos a los otros. Ese no es el estilo de Dios. La próxima vez que te sientas tentada a juzgar a alguien, considera esto: *¿Qué problemas que a ti te han pasado desapercibidos podría haber enfrentado esa persona?* Eso cambiará tu forma de ver a los demás.

Ora:

Dios, ayúdame a ver a las personas como tú las ves. Ayúdame a ver sus heridas y sus dolencias, y no solo sus acciones. A menudo me apresuro a juzgar antes de saber toda la historia. Dame gracia y compasión y un corazón amoroso para que pueda honrarte en mi forma de ver a los demás. Muéstrame dónde puedo ser una representante de tu amor. Amén.

....

....

....

....

....

....

....

COMPARTE A JESÚS: SAL DE LA CAJA

Lee Mateo 9.1–38

Versículo clave:

Más tarde, estando Jesús sentado a la mesa en casa de Mateo, acudieron muchos recaudadores de impuestos y gente de mala reputación, que se sentaron también a la mesa con Jesús y sus discípulos. Los fariseos, al verlo, preguntaron a los discípulos: —¿Cómo es que su Maestro se sienta a comer con esa clase de gente?
MATEO 9.10–11 BLPH

Comprende:

- *¿Cuál es la respuesta de Jesús a la pregunta planteada en Mateo 9.11? Lee Mateo 9.12.*

- *¿Quiénes son los recaudadores de impuestos de hoy en día? ¿Con quién se sorprenderían tus amigos al ver que te relacionas con él o ella?*

Aplica:

Somos llamadas a vivir en este mundo. Aunque como creyentes seamos distintas, debemos estar en el mundo que nos rodea. Si nos aislamos y nos relacionamos solo entre cristianos, ¿cómo llegarán los demás a conocer la salvación sanadora de Jesucristo?

En estos versículos, los fariseos se sorprenden al ver a Jesús comiendo y pasando el tiempo con aquellos que consideraban «pecadores». De hecho, todos somos pecadores. Estos recaudadores de impuestos necesitaban a Cristo. Necesitaban ser rescatados de una vida egoísta y pecaminosa. Jesús declaró que las personas sanas no necesitan médicos, pero los que están enfermos, sí. Solía presentar maravillosas analogías, y esta encaja muy bien aquí.

Así como Jesús caminó y habló con aquellos que eran los marginados de la sociedad, aquellos que todos sabían que eran pecadores, nosotros debemos ir y hacer lo mismo. ¿Quién en tu comunidad necesita a Jesús? Sal de la caja. Jesús lo hizo.

Ora:

Señor, ayúdame a no aislarme solo entre otros creyentes. Aunque sé que debo elegir amigos cercanos que sean cristianos para que me animen y me fortalezcan, también sé que no debo esconderme. Dame oportunidades para salir a mi comunidad y compartir tu amor con aquellos que necesitan conocerte. Amén.

....

....

....

....

....

....

....

ALIGERA TU CARGA

Lee Mateo 11.1–30

Versículo clave:

Vengan a mí todos ustedes que están cansados de sus trabajos y cargas, y yo los haré descansar. Acepten el yugo que les pongo, y aprendan de mí, que soy paciente y de corazón humilde; así encontrarán descanso. Porque el yugo que les pongo y la carga que les doy a llevar son ligeros.
MATEO 11.28–30 DHH

Comprende:

- *¿Dónde puedes encontrar el verdadero descanso?*

- *¿Cuándo has llevado una carga pesada? ¿Qué era? ¿Llevas una ahora?*

Aplica:

Vivir en un tercer piso puede ser un verdadero desafío. Llevar la compra por las escaleras siempre es divertido. Normalmente, la inquilina del tercero tiende a cargar demasiadas cosas a la vez. Cargada como una mula, sube las escaleras, con las bolsas de plástico colgadas de sus brazos. A veces se escapa una manzana o una lata de comida y provoca un tremendo jaleo, dando golpes y rebotando mientras desciende de vuelta al primer piso.

Esta escena suena chistosa y resulta muy familiar cuando pensamos en ella. ¿Acaso la mayoría de las cristianas que conoces no van por ahí sobrecargadas? Tal vez no con alimentos, pero sí con todo tipo de preocupaciones y pesos.

Si llevas una carga pesada, debes saber que Dios está dispuesto a ayudarte. No fuiste creada para soportar tales cargas. Él te ofrece una carga ligera. Te dice que le dejes tus preocupaciones a él, porque él se preocupa por ti (1 Pedro 5.7).

Ora:

Señor, gracias porque en ti puedo encontrar el verdadero descanso. Toma mi carga pesada. La pongo a tus pies. Por favor, reemplázala con una carga ligera. Ayúdame a confiar en ti para que te ocupes de mis preocupaciones, de la culpa y de cualquier otra carga que haya intentado llevar por mi cuenta. En el nombre de Jesús te lo pido. Amén.

....

....

....

....

....

....

....

....

EL SALVADOR VIENE

Lee Mateo 24.1–51

Versículo clave:

Pero, en cuanto al día y la hora, nadie lo sabe, ni siquiera los ángeles en el cielo, ni el Hijo, sino solo el Padre.
MATEO 24.36 NVI

Comprende:

- *Si el Padre, el Hijo y el Espíritu Santo son uno, ¿cómo es que solo el Padre sabe el momento en que Jesús regresará?*

- *¿Qué te gustaría estar haciendo cuando Jesús vuelva?*

Aplica:

Todos esperamos la segunda venida de nuestro Salvador, pero no sabemos el día ni la hora en que sucederá. ¿Cómo es que ni siquiera el propio Jesús sabe cuándo volverá a la tierra? Esto se debe a que el Hijo se ha sometido a la autoridad del Padre. Es una subordinación voluntaria.

¿Qué harás cuando Jesús regrese? Considera las formas en que traes la gloria a su nombre a diario. ¿Compartes la esperanza que has encontrado en él? ¿Ayudas a los necesitados? ¿Amas a los que te rodean? Si eres creyente, no tienes que preocuparte.

Eres salva y experimentarás la vida eterna con Cristo.
Aun así, queremos que cuando regrese nos encuentre
sirviéndole y dándole gloria en lugar de deshonrán-
dolo con nuestras vidas.

Ora:

*Señor Jesús, a veces me imagino tu segunda venida. Miro al
cielo y te imagino viniendo en las nubes. Ayúdame a estar lista y a encontrarme sirviéndote y amando a los demás cuando
vuelvas. Amén.*

....

....

....

....

....

....

....

....

....

....

....

....

....

EL PAN Y LA COPA
Lee Marcos 14.1–72

Versículo clave:

Y mientras comían, tomó pan, y habiéndolo bendecido lo partió, se lo dio a ellos, y dijo: Tomad, esto es mi cuerpo.
MARCOS 14.22 LBLA

Comprende:

- *¿Cuando tomamos la Santa Cena del Señor, qué simboliza el pan? ¿Y el vino?*

- *¿Cómo decepcionan los discípulos a Jesús en el huerto? ¿Te identificas más con Jesús o con los discípulos en esta escena?*

Aplica:

Hay algo especial en tomar la Santa Cena. Es una ordenanza de la iglesia que nos llega directamente del mandato de Jesús de hacerlo en memoria de él. Cuando tomas el pan y la copa, ¿te detienes a reflexionar sobre su importancia?

El pan representa el cuerpo de Jesús, partido por nosotros en la cruz. La copa, o el vino, simboliza su sangre, derramada para el perdón de los pecados. La ley del Antiguo Testamento requería el derramamiento de sangre. Cristo cumplió con eso. Él era el Cordero de Dios sin mancha, sin pecado, y solo por medio de él podemos estar ante un Dios santo, intachable y justo.

Él murió una vez, y por todos. Fue un sacrificio asombroso, y la ordenanza de la Santa Cena debe ser tomada en serio y de acuerdo con las Escrituras.

Ora:

Ayúdame, Señor, a honrar tu memoria tomando la Santa Cena con reverencia y respeto. Gracias por tu muerte en la cruz que me permitió una forma de presentarme ante un Dios santo. Gracias porque a través de ti me encuentro justa y pura. Amén.

....

....

....

....

....

....

....

....

....

....

....

RECUERDA LO QUE JESÚS HA HECHO

Lee Lucas 8.1–56

Versículo clave:

Después de esto, Jesús estuvo recorriendo los pueblos y las aldeas, proclamando las buenas nuevas del reino de Dios. Lo acompañaban los doce, y también algunas mujeres que habían sido sanadas de espíritus malignos y de enfermedades: María, a la que llamaban Magdalena, y de la que habían salido siete demonios.

LUCAS 8.1–2 NVI

Comprende:

- *Jesús te ha liberado del pecado y te ha prometido la vida eterna. ¿Cuál es tu respuesta?*

- *¿Tu vida refleja la magnitud del don de la salvación?*

Aplica:

María Magdalena es mencionada catorce veces en los Evangelios. Su nombre encabeza la lista muchas veces cuando se la menciona en relación con otras mujeres. Ella viajó con Jesús. Ella estaba allí al pie de la cruz mientras él sangraba y moría. Ella estaba allí en la tumba vacía. ¿Por qué esta mujer estaba tan dedicada al Salvador? Ella recordaba lo que él había hecho por ella.

En el Evangelio de Lucas se nos dice que María de Magdala había sido poseída por siete demonios. Jesús le expulsó los demonios, y pasó de estar poseída por demonios a ser una devota discípula del Mesías.

¿Estamos tan llenas de gratitud que le damos a Dios lo mejor de nosotras? ¿Estamos ahí cuando es necesario? ¿Servimos? ¿Usamos nuestros dones y recursos para darle gloria? María Magdalena lo hacía. Veamos su ejemplo como uno digno de seguir.

Ora:

Querido Dios, hazme tan agradecida por mi salvación que esté siempre ahí. Así como María de Magdala estuvo presente en tu cruz y en tu tumba, quiero seguirte de cerca. Gracias por salvarme por gracia por medio de la fe en Jesús. Oro en tu nombre. Amén.

....

....

....

....

....

....

....

JEHOVÁ JIREH, EL PROVEEDOR
Lee Lucas 12.1–59

Versículo clave:

No temáis, manada pequeña, porque a vuestro Padre le ha placido daros el reino.
LUCAS 12.32 RVR1960

Comprende:

- *¿Cuál es tu mayor preocupación sobre el futuro? ¿Se la vas a entregar al Señor hoy?*

- *¿Puedes mencionar un momento específico en el que Dios te haya provisto, ya sea financieramente o de otra manera, en lo físico o en lo espiritual?*

Aplica:

Es reconfortante leer que Jesús les dijo a sus discípulos que no temieran. Los llamó «manada pequeña». Somos parte de su rebaño. Si eres creyente en Cristo, sus promesas en Lucas 12 son para ti, como lo fueron para sus seguidores en aquel tiempo.

Jesús nos recuerda que Dios satisface las necesidades de los pájaros y que somos mucho más valiosos que ellos. Señala que las flores se nutren de la mano de Dios. Si Dios satisface las necesidades de los pájaros y las flores, ¿no satisfará mucho más las necesidades de sus hijos?

Tómate tu tiempo para pensar en todos los momentos en los que Dios ha provisto. Ten la seguridad de que él continuará satisfaciendo tus necesidades día a día. Uno de sus nombres en las Escrituras es Jehová Jireh, que significa «el Señor proveerá».

Ora:

Señor, gracias por garantizarme que siempre proveerás para mis necesidades. Así como lo has mostrado una y otra vez en el pasado, sé que continuarás haciéndolo. Calma mis temores sobre el futuro, y reemplázalos con una confianza total en Jehová Jireh, mi proveedor. Amén.

....

....

....

....

....

....

....

....

....

....

DÉJALO
Lee Juan 4.1–38

Versículo clave:

Entonces la mujer dejó su cántaro, y fue a la ciudad, y dijo a los hombres: Venid, ved a un hombre que me ha dicho todo cuanto he hecho. ¿No será este el Cristo? Entonces salieron de la ciudad, y vinieron a él.
JUAN 4.28–30 RVR1960

Aplica:

- *¿Qué demuestra que la mujer del pozo creyó que Jesús era el Mesías?*

- *¿Qué elemento importante dejó la mujer samaritana cuando fue a contar a otros su encuentro con Jesús?*

Comprende:

Jesús habló con una mujer samaritana en el pozo de Jacob. Puede que no nos parezca gran cosa, pero los samaritanos y los judíos no se relacionaban entre sí. ¡Un hombre judío jamás hablaría con una mujer samaritana!

A medida que se desarrollaba la conversación, la mujer se dio cuenta de que no era un hombre común. Él sabía cosas de ella que ella no le había dicho. Hablaba del agua viva y afirmaba ser el Cristo.

En su emoción por haber encontrado al Mesías, la mujer dejó su cántaro y fue corriendo a la ciudad para contarle a la gente sobre Jesús. A todos los efectos, ¡ella fue la primera evangelista!

¿Qué significa el hecho de dejar el cántaro para el agua? El agua se sacaba del pozo usando una vasija de arcilla o un cántaro. El agua era necesaria para cocinar, limpiar y beber. ¿Qué necesidad consideras que estás dispuesta a dejar a un lado para compartir a Jesús con otros?

Ora:

Señor, me aferro mucho a mi familia y amigos. Me encanta la familiaridad del hogar. Incluso a veces me obsesiono con las cosas materiales y las redes sociales. Por favor, libera la presión de mis «necesidades» y haz que esté dispuesta a dejarlas para compartir tus buenas noticias con los que me rodean. Amén.

....

....

....

....

....

....

....

....

LIBRE EN CRISTO
Lee Juan 8.1-59

Versículo clave:

—Ciertamente les aseguro que todo el que peca es esclavo del pecado —respondió Jesús—. Ahora bien, el esclavo no se queda para siempre en la familia; pero el hijo sí se queda en ella para siempre. Así que, si el Hijo los libera, serán ustedes verdaderamente libres.

JUAN 8.34-36 NVI

Comprende:

- *¿Cómo se libera a un pecador del pecado?*

- *¿Qué te parece a ti, como creyente, que es ser «verdaderamente libre» en la sociedad actual?*

Aplica:

La muerte de Jesús en la cruz pagó el precio de nuestro pecado. Nos liberó cuando confiamos en él para hacerlo. No hay otra forma de ser salvo, únicamente por medio de él.

Nos liberamos de los pecados de nuestro pasado, y nos liberamos del pecado que nos enreda fácilmente. Vivir en una sociedad que está llena de tentaciones de pecado no es fácil, pero, como creyente, tienes el poder de superar la tentación por medio de Cristo.

Agradece a tu Padre celestial que ya no eres una

esclava del pecado. A causa de la muerte de Jesús por ti, eres completamente libre. Nunca más estarás encadenada a un estilo de vida de pecado. En lugar de eso, si apartas tus ojos de él, te arrepentirás y él te llevará de vuelta a su lado. Estás a salvo del pecado y, sí, eres libre de verdad.

Ora:

Gracias, Jesús, por salvarme de mi pecado. ¡Gracias porque, por mi fe en ti como Salvador, puedo ser libre de verdad! Amén.

....

....

....

....

....

....

....

....

....

....

....

....

EL MOMENTO PERFECTO
Lee Juan 11.1–44

Versículo clave:

Cuando María llegó adonde estaba Jesús y lo vio, se arrojó a sus pies y le dijo: —Señor, si hubieras estado aquí, mi hermano no habría muerto. Al ver llorar a María y a los judíos que la habían acompañado, Jesús se turbó y se conmovió profundamente.—¿Dónde lo han puesto? —preguntó.—Ven a verlo, Señor —le respondieron. Jesús lloró. —¡Miren cuánto lo quería! —dijeron los judíos.
JUAN 11.32–36 NVI

Comprende:

- *¿Cuándo has sentido que Dios no se ha hecho presente o que ha llegado demasiado tarde para ayudarte?*

- *¿Has oído el dicho de que el tiempo de Dios es perfecto? ¿Qué pruebas bíblicas confirman la validez de esta declaración?*

Aplica:

María y Marta lloraron la pérdida reciente de su amado hermano Lázaro.

Las hermanas, de las que en el Evangelio de Lucas se nos dice que tenían temperamentos diferentes, tenían una cosa en común. Sabían que, si

Jesús hubiera estado allí antes, Lázaro no habría muerto.

Esta declaración, que tanto María como Marta hacen en el pasaje, revela mucho. Tenían fe en que Jesús podía sanar. Sabían que él era la única esperanza. Y ninguna de las dos vio cómo esta historia podía tener un final feliz. Su hermano estaba muerto.

Jesús no llegó tarde a la escena. El Mesías no miró sorprendido la hora, al darse cuenta de que había pasado demasiado tiempo. Jesús, como siempre, llegó justo a tiempo.

Un milagro más grande que la curación tuvo lugar ese día en Betania. Lázaro se levantó de la tumba después de estar muerto durante cuatro días. Salió al sonido de la voz del Maestro. Y ese día los ángeles en el cielo se alegraron porque muchos creyeron.

Ora:

Jesús, cuando parezca que estás tardando demasiado, recuérdame que tu tiempo es perfecto. Nunca es demasiado pronto o demasiado tarde. Tú siempre eres puntual. Concédeme fe en la espera y en los momentos en que no puedo entender tus caminos. Amén.

....

....

....

....

....

....

EL CAMINO, LA VERDAD Y LA VIDA

Lee Juan 14.1–31

Versículo clave:

Jesús le dijo: Yo soy el camino, y la verdad, y la vida; nadie viene al Padre sino por mí.
Juan 14.6 LBLA

Comprende:

- *¿Cuáles son las tres cosas que Jesús afirma ser en este versículo?*
- *¿Qué significa que nadie «viene al Padre» excepto a través de Jesús?*

Aplica:

A lo largo del Evangelio de Juan, encontramos a Jesús usando la frase «Yo soy» siete veces. Jesús fue muy audaz al usar esta frase porque el nombre de Dios que significaba «YO SOY» era tan sagrado para los judíos que ni siquiera lo pronunciaban. Jesús afirmó ser Dios porque él es Dios. Jesús dijo: «Yo soy el pan de vida» (Juan 6.35 LBLA). También dijo: «Yo soy el buen pastor» (10.11) y «Yo soy la luz del mundo» (8.12).

Esta poderosa declaración de «Yo soy» en Juan 14.6 declara que la única manera de llegar a Dios es a través de Jesús. Otras religiones enseñan que las buenas obras permitirán a las personas llegar a Dios. Algunos creen que Dios está en todo o que los propios seres humanos somos Dios. Solo el cristianismo enseña que Jesús es el único camino al Padre celestial. Consuélate con el hecho de que puedes llegar a la presencia de Dios porque crees en Aquel que es el camino, la verdad y la vida: Jesús.

Ora:

Jesús, tú eres el camino, la verdad y la vida. Estoy muy agradecida por conocerte como mi Salvador. Gracias por morir en la cruz por mis pecados, llevándolos por mí. Gracias por proporcionarme una forma de pasar la eternidad con Dios. Amén.

....

....

....

....

....

....

....

....

....

BORRADO
Lee Hechos 3.1–26

Versículo clave:

Así que, arrepentíos y convertíos, para que sean borrados vuestros pecados; para que vengan de la presencia del Señor tiempos de refrigerio.
Hechos 3.19 RVR1960

Comprende:

- *¿Cómo te hace sentir el saber que tus pecados han sido borrados?*

- *¿Cuál es la fuente de los «tiempos de refrigerio» mencionados en el versículo clave de hoy?*

Aplica:

Si ya tienes una cierta edad, recordarás haber escrito en una máquina de escribir antes de la época de las computadoras. Si cometías un error, hacía falta algo más que pulsar la tecla de borrar para solucionar el problema. ¿Recuerdas las pequeñas tiras de tinta blanca? Tenías que retroceder. Tenías que colocar esa pequeña tira blanca perfectamente. Tenías que pulsar la tecla de nuevo. Si todo iba perfectamente, el error se borraba y donde estaba esa *k* o esa *m* errónea, solo había blanco. Blanco puro. Sin letra. Sin marca. Limpio. Listo. Como si el error nunca hubiera ocurrido.

Esta es una analogía débil, pero entiendes de qué hablamos: tus pecados han sido borrados. Cristo los tomó sobre sí mismo cuando murió en la cruz. Tus pecados han sido lavados, blancos como la nieve. Al igual que una solución perfecta en esa vieja máquina de escribir, Jesús borró tus pecados. Ya no los recuerda.

Ora:

Jesús, gracias por borrar mi pecado. ¡El perdón es tan bueno! Me renuevo en tu presencia diariamente. Encuentro la fuerza en tu Palabra y en la meditación. Me maravillo de un Salvador que tomó mi pecado sobre sí mismo y murió por mí. Gracias. Amén.

....

....

....

....

....

....

....

....

....

HAS ESTADO
¿CON JESÚS?
Lee Hechos 4.1–37

Versículo clave:

Entonces viendo el denuedo de Pedro y de Juan, y sabiendo que eran hombres sin letras y del vulgo, se maravillaban; y les reconocían que habían estado con Jesús.
HECHOS 4.13 RVR1960

Comprende:

- *¿Los demás saben que has estado con Jesús?*
- *¿Cómo lo saben, o por qué no están seguros?*

Aplica:

Pedro y Juan habían estado con Jesús. Era evidente. Se les advirtió que no hablaran de él, pero dijeron que eso no era posible. Conocían a Jesús y no podían callar.

Eran sencillos trabajadores de la pesca, llamados para ser discípulos de Cristo. Aun así, predicaron y sanaron con denuedo en el nombre de Cristo.

Cuando la gente examina tu vida, ¿saben que eres cristiana? ¿Destacas como una seguidora de Cristo? ¿Encontraste maneras de llevar a Jesús a las conversaciones cotidianas? ¿O eres más como la adolescente que quiere que su padre la deje a una calle de la escuela para que nadie sepa que tiene algo que ver con él?

Considera estas cosas. Piensa en ellas. Ora por ellas. Haz los cambios que sean necesarios. Quieres ser una mujer conocida por haber «estado con Jesús».

Ora:

Señor Jesús, viviré valientemente para ti. Quiero ser conocida como una persona que camina contigo. Examina mi corazón, Jesús. Señálame las áreas en las que se necesita un cambio. No me avergüenzo de ti. Quiero ser audaz como Pedro y Juan. Quiero ser conocida como cristiana aunque no sea popular en algunos círculos. Amén.

....

....

....

....

....

....

....

....

....

CUANDO AÚN ÉRAMOS PECADORES

Lee Romanos 5.1–21

Versículo clave:

Pero Dios mostró el gran amor que nos tiene al enviar a Cristo a morir por nosotros cuando todavía éramos pecadores.
ROMANOS 5.8 NTV

Comprende:

- *¿En qué estado te encontrabas cuando Cristo murió por ti?*

- *¿Alguna vez sientes que necesitas «limpiar tus acciones» antes de poder hablar con Dios? ¿Esto es correcto?*

Aplica:

Cristo murió por nosotros cuando aún éramos pecadores. En otras palabras, no esperó a que nos enderezáramos y limpiáramos y confesáramos o lo hiciéramos mejor. No podíamos. Éramos incapaces de vivir de otra manera hasta que lo conocimos. No podíamos ser «lo suficientemente buenas» para presentarnos ante un Dios santo. Estábamos llenas de pecado y nos encontrábamos en un montón de problemas. Necesitábamos la salvación. Y Jesús nos rescató.

Recuerda esto la próxima vez que te sientas demasiado culpable para hablar con Jesús, demasiado sucia para venir a su presencia o demasiado avergonzada para orar. Jesucristo fue a la cruz y asumió todo tu pecado. Llevó el peso del pecado de todo el mundo. Llevó su cruz al Calvario. Murió voluntariamente cuando aún éramos pecadores. No había otra manera. Era el plan de Dios desde el principio para redimir a su pueblo del pecado.

Ora:

Gracias, Jesús. Gracias desde el fondo de mi corazón por morir por mí cuando todavía estaba en pecado. No esperaste a que yo limpiara mis acciones. Tú las limpiaste. Tú, que nunca habías pecado, asumiste mi pecado. Pagaste una deuda que no debías. Estoy eternamente agradecida. Amén.

....

....

....

....

....

....

....

....

....

ERES AMADA

Lee Romanos 8.1–39

Versículo clave:

Pero en todas estas cosas somos más que vencedores por medio de aquel que nos amó. Porque estoy convencido de que ni la muerte, ni la vida, ni ángeles, ni principados, ni lo presente, ni lo por venir, ni los poderes, ni lo alto, ni lo profundo, ni ninguna otra cosa creada nos podrá separar del amor de Dios que es en Cristo Jesús Señor nuestro.

ROMANOS 8.37–39 LBLA

Comprende:

- *¿Qué puede separar al cristiano del amor de Dios?*

- *¿Qué significa que eres más que vencedora en todas las cosas por medio de Cristo?*

Aplica:

Incondicionalmente, así es como Dios ama a sus hijos. Estos versículos de Romanos nos proporcionan a los cristianos una paz abundante. Ni siquiera la muerte es capaz de separarte del amor de Dios. ¿Y esto por qué? No experimentarás en realidad la muerte. Tienes vida eterna. Estar ausente en tu cuerpo actual es estar en la presencia del Señor. ¡Así que incluso en el momento en que tomes tu último aliento en esta tierra no estarás separada de Dios!

A medida que avance el día, recuerda que el amor de Dios te rodea. Él te ha declarado más que vencedora por medio de Jesús. En otras palabras, en todas las cosas, pruebas, dificultades, e incluso en tu más profunda pérdida o decepción, tienes el poder para superarlas.

Eres una vencedora, y eres profundamente amada. Reclama lo que dicen las Escrituras y camina con la cabeza alta como una hija del Rey.

Ora:

Padre celestial, tu Palabra está llena de riqueza y de promesas seguras. ¡Ayúdame a reclamarlas! Gracias por amarme incondicionalmente y por hacerme más que vencedora en todas las cosas. En el poderoso nombre de Jesús lo pido. Amén.

....

....

....

....

....

....

....

....

SANTIDAD
Lee Romanos 12.1–21

Versículo clave:

Por lo tanto, hermanos, tomando en cuenta la misericordia de Dios, les ruego que cada uno de ustedes, en adoración espiritual, ofrezca su cuerpo como sacrificio vivo, santo y agradable a Dios.
ROMANOS 12.1 NVI

Comprende:

- *¿Qué es la santidad y por qué es importante?*
- *¿Cómo se ofrece el cuerpo como sacrificio vivo a Dios? ¿Cómo es eso?*

Aplica:

Romanos 12 es un capítulo poderoso que amonesta al creyente a ser humilde, a amar a los demás y a buscar la santidad ante Dios.

Como mujeres, es fácil quedarnos atrapadas en la apariencia exterior. Nuestra sociedad está absorta con el estilo y la moda, el ejercicio y la forma física. ¡Parece que hay un nuevo plan de dieta cada semana! Aunque ciertamente la salud física es importante, Romanos 12.1 señala que la santidad es más importante incluso que la salud física.

Cuando vives tu vida con humildad, sirviendo a

los demás, usando tus dones y mostrando amor, complaces a Dios. ¿Qué es más importante, que luzcas el último peinado o que hagas lo correcto y vivas en paz con los que te rodean? Dios ve el corazón. Busca ser santa. Pídele que te ayude.

Ora:

Señor, ayúdame a vivir conforme a Romanos 12. Dame la fuerza para aferrarme al bien y alejarme del mal. Fortaléceme para que pueda usar mis dones para traerte gloria y honor. Ayúdame a buscar la santidad para poder complacerte, Padre. En el nombre de Jesús te lo pido. Amén.

....

....

....

....

....

....

....

....

....

....

....

....

DISCERNIMIENTO
A TRAVÉS DEL ESPÍRITU

Lee 1 Corintios 2.1–16

Versículo clave:

Esto es precisamente de lo que hablamos, no con las palabras que enseña la sabiduría humana, sino con las que enseña el Espíritu, de modo que expresamos verdades espirituales en términos espirituales. El que no tiene el Espíritu no acepta lo que procede del Espíritu de Dios, pues para él es locura. No puede entenderlo, porque hay que discernirlo espiritualmente.
1 CORINTIOS 2.13–14 NVI

Comprende:

- ¿Quién es capaz de entender las cosas que vienen del Espíritu de Dios? ¿Quién no es capaz de aceptar estas cosas?

- ¿Cuál es la diferencia entre estos dos tipos de personas, y de qué tipo eres tú?

Aplica:

Las cosas de Dios les parecen absurdas a los que no tienen el Espíritu Santo. Cuando aceptaste a Cristo, fuiste sellada con el Espíritu Santo. Esto te permite entender y aplicar la Palabra de Dios y sus caminos.

No te sorprendas si los incrédulos discuten contigo sobre la validez de las Escrituras. Tienen puestas unas vendas espirituales. No pueden ver ni entender las Escrituras.

El Espíritu Santo es nuestro Consolador y nuestro Consejero. El Espíritu Santo nos permite entender y aplicar la Palabra de Dios. Alabado sea Dios porque no llevas un velo que te impida recibir su Palabra. Ora con diligencia por aquellos que conoces y que aún no han conocido a Cristo. Sus vidas dependen de que se les caigan esas vendas espirituales. Necesitan la libertad que viene a través del Espíritu. Necesitan a Jesús.

Ora:

Padre celestial, te agradezco por tener el Espíritu Santo. Estoy muy agradecida por poder entender tu Palabra y aplicarla a mi vida. Me entristece que tantos vean las cosas espirituales como una tontería. Oro por arrepentimiento en sus vidas para que acepten a Cristo y reciban las bendiciones del Espíritu Santo. Amén.

....

....

....

....

....

....

....

....

LO VIEJO O LO NUEVO

Lee 2 Corintios 5.1–21

Versículo clave:

Por lo tanto, si alguno está en Cristo, es una nueva creación.
¡Lo viejo ha pasado, ha llegado ya lo nuevo!
2 CORINTIOS 5.17 NVI

Comprende:

- *¿A qué culpa de tu pasado sueles aferrarte, aunque Cristo te haya dado una nueva vida?*

- *¿Cómo debemos considerar a otros creyentes, basándonos en su pasado o en su identidad en Cristo? ¿Cuál es nuestra identidad en Cristo?*

Aplica:

Nuestro pecado fue puesto en Cristo, el único hombre sin pecado, el Hijo de Dios. Murió por nosotros, de una vez por todas y, si hemos confiado en él como Salvador, estamos perdonadas.

Entonces, ¿por qué vivimos agobiadas por la mugre y el fango de un pasado no tan agradable? ¿Te resulta difícil dejar atrás el pecado que cometiste antes de pedirle a Jesús que fuera tu Salvador?

No estás sola en esto. Es una tendencia natural. Aun así, debemos reconocer que ya no somos las mismas. El viejo yo ya no está. Ha llegado la nueva persona. Dios no te ve como eras, sino a través de la lente de Jesús. Y a través de esa lente, él te ve como justa. No desperdicies tus valiosas energías soportando una innecesaria carga de culpa. Déjala. De una vez por todas. Usa esa energía para difundir el Evangelio entre aquellos que aún no conocen al Salvador.

Ora:

Señor, libérame de la carga de culpa a la que me aferro innecesariamente. Recuérdame que, a través de Jesucristo, soy vista como justa, perdonada, libre y, lo mejor de todo, ¡nueva! No soy la mujer que era antes de venir a Cristo. Lo viejo se ha ido y ha llegado lo nuevo. Amén.

....

....

....

....

....

....

....

....

....

....

UNA DADORA ALEGRE

Lee 2 Corintios 9.1-15

Versículo clave:

Cada uno dé como propuso en su corazón: no con tristeza, ni por necesidad, porque Dios ama al dador alegre.
2 CORINTIOS 9.7 RVR1960

Comprende:

- *Cuando das, ¿lo haces con alegría o a regañadientes?*

- *¿De dónde crees que procede tu actitud hacia el dar? ¿Es necesario hacer alguna modificación o ajuste después de leer este pasaje?*

Aplica:

¿Has leído el libro ilustrado de Shel Silverstein *The Giving Tree*? Se trata de un árbol que da y da a un niño. A medida que el niño crece, sus necesidades cambian. El árbol, de buena gana, le da su sombra y sus ramas al chico. El niño envejece y el árbol se ha convertido en solo un tocón, tras haberse dado de manera incansable y total. El árbol satisface su necesidad final proporcionando un lugar para que el anciano se siente y descanse un rato.

Como lectora, una está tentada a enojarse con

el chico. Pero al final vemos que el árbol fue feliz de entregarle toda su vida. Encontró la alegría de dar.

¿Eres como el niño o como el árbol? ¿Eres una receptora? ¿O una dadora? Cuando das, ¿lo haces con una actitud alegre? ¿O das para que se sepa o se te elogie por tu acto?

Ora:

Padre celestial, te pido que me reveles cualquier cambio que deba tener lugar en mi corazón con respecto a la generosidad. Ya sea que se trate de mi tiempo, mis talentos o mi dinero, te pido que dé con el corazón y las manos abiertas. Hazme ser una dadora alegre, te lo pido en el nombre de Jesús. Amén.

....

....

....

....

....

....

....

....

....

....

ADOPTADA POR DIOS
Lee Gálatas 4.1–31

Versículo clave:

Pero, cuando se cumplió el plazo, Dios envió a su Hijo, nacido de una mujer, nacido bajo la ley, para rescatar a los que estaban bajo la ley, a fin de que fuéramos adoptados como hijos.
Gálatas 4.4–5 NVI

Comprende:

- *¿Cuál es tu definición de adopción?*
- *¿Cómo son adoptados por Dios los creyentes?*

Aplica:

Puede que conozcas a una familia que eligió la adopción como una forma de crecer en número. Tal vez tú misma fuiste adoptada. La adopción es un acto legal y vinculante. Declara que uno que no estaba en la familia es parte de la familia. Al adoptado se le da el apellido de la familia y los mismos derechos que a un hijo biológico.

Dios te adoptó cuando pusiste tu confianza en Jesús. Fuiste liberada de tu pecado porque Jesús pagó la pena de muerte por ti. Recibiste todos los derechos de una heredera del reino.

La muerte y resurrección de Jesús ocurrió en el

momento justo de la historia. Fue el plan de Dios desde el principio para salvar a la humanidad del pecado. Los creyentes tienen la seguridad de que pasarán la eternidad con Dios Padre. Así como las familias adoptivas celebran el día en que su hijo se convirtió en parte de la familia, tú también debes celebrar tu condición de hija amada de Dios.

Ora:

Padre celestial, te doy las gracias por tu plan y por tu tiempo perfecto. Gracias por enviar a Jesús para salvarme de mi pecado. ¡Celebro saber que por él me he convertido en parte de tu familia! En el nombre de Cristo. Amén.

....

....

....

....

....

....

....

....

....

....

BUENAS OBRAS
PLANEADAS DE ANTEMANO
Lee Efesios 2.1–22

Versículo clave:

Lo que somos, a Dios se lo debemos. Él nos ha creado por medio de Cristo Jesús, para que hagamos el bien que Dios mismo nos señaló de antemano como norma de conducta.
EFESIOS 2.10 BLPH

Comprende:

- *¿Cómo dice Efesios 2.8–9 que se salva el creyente?*

- *Efesios 2.10 afirma que Dios planeó de antemano buenas obras para nosotros. ¿Qué has hecho en el último año para dar gloria a Dios? ¿El mes pasado? ¿La semana pasada? ¿Hoy?*

Aplica:

¡Qué asombroso es pensar que Dios estaba haciendo planes para nosotras por adelantado! Las buenas obras en las que participamos son parte de su diseño. Debemos vivir nuestras vidas trayendo gloria a nuestro Creador. Una forma de hacerlo es a través de buenas obras.

A medida que avanzas en la vida, detente para reflexionar sobre tus dones y pasiones. Los talentos y preferencias los puso en ti Aquel que te tejió en el vientre de tu madre (ver Salmos 139.13). Cuando los usas, no parece un trabajo porque estás en tu elemento. Estás sirviendo y dando y haciendo buenas obras en las áreas de tus puntos fuertes.

Puede que tú no consideres significativos los pequeños actos, pero para Dios son importantes. La Biblia menciona que, aun si solo le ofreces a alguien un vaso de agua fría, se lo estás ofreciendo a Jesús (ver Mateo 10.42). ¿Qué pequeño acto harás hoy para honrar al Padre?

Ora:

Señor, es peligroso orar por oportunidades porque sé que tú las proporcionarás. Anhelo servirte y complacerte con mis buenas obras. Muéstrame qué buenas obras planeaste de antemano para mí para que pueda darte la gloria a ti, mi Dios. Amén.

....

....

....

....

....

....

....

....

....

EL AMOR DE CRISTO

Lee Efesios 3.1–21

Versículo clave:

Para que habite Cristo por la fe en vuestros corazones, a fin de que, arraigados y cimentados en amor, seáis plenamente capaces de comprender con todos los santos cuál sea la anchura, la longitud, la profundidad y la altura, y de conocer el amor de Cristo, que excede a todo conocimiento, para que seáis llenos de toda la plenitud de Dios.

Efesios 3.17–19 RVR1960

Comprende:

- *A través de Jesús tenemos acceso a Dios. ¿Cuáles son las palabras que usa Pablo cuando describe cómo podemos llegar ante Dios en Efesios 3.12?*

- *¿Qué significa que el amor de Cristo por ti excede todo entendimiento?*

Aplica:

Si eres madre, probablemente has trabajado duro para crear confianza en tus hijos. ¿No es tu mayor esperanza que tus hijos sepan quiénes son y que se enfrenten al mundo con valentía y confianza? Con las fuertes raíces que les das en casa, has tratado de criarlos de tal manera que el mundo no pueda zarandearlos.

Dios nos ama de una manera similar, pero aún más grande. Nos ama con un amor incondicional que excede todo entendimiento. Nadie conoce un amor más grande. Se nos dice aquí en Efesios que es muy profundo y amplio. En otras partes de las Escrituras se nos dice que nada es capaz de separarnos del amor de Dios (ver Romanos 8.38–39).

Deja que Dios haga crecer en ti una seguridad que te permita estar firme en el mundo. Si estás arraigada en él, nada puede sacudirte.

Ora:

Señor, dame valentía y confianza. Ayúdame a saber y sentir que soy amada profundamente por mi Dios y Creador. Tengo una gran paz sabiendo que nunca viviré un día sin tu amor, que sobrepasa todo entendimiento. Te lo pido en el nombre de Jesús. Amén.

....

....

....

....

....

....

....

....

....

PERDONA COMO HAS SIDO PERDONADO

Lee Efesios 4.1–32

Versículo clave:

Antes sed benignos unos con otros, misericordiosos, perdonándoos unos a otros, como Dios también os perdonó a vosotros en Cristo.
EFESIOS 4.32 RVR1960

Comprende:

- *¿Dónde empezarás a practicar este versículo? «No salga de vuestra boca ninguna palabra corrompida, sino la que sea buena para la necesaria edificación, a fin de dar gracia a los oyentes» (Efesios 4.29 RVR1960)?*

- *Compara y contrasta las emociones y acciones de Efesios 4.31 con las de Efesios 4.32. ¿Qué es lo que más te llama la atención?*

Aplica:

Las redes sociales repercuten en cada momento del día con las actitudes contra las que se advirtió a los creyentes de Éfeso.

En lugar de seguir la corriente del mundo, creyendo y declarando tu derecho a guardar rencor, escucha el camino de Cristo. Déjalo correr. Perdona.

Jesús fue colgado de una cruz y cargó con nuestros pecados. Dios nos perdonó, y nosotros debemos perdonarnos unos a otros. No tenemos derecho a estar enojadas ni a buscar venganza. Esa es una creencia mundana en directa oposición a las enseñanzas de Jesús.

Deja de hablar mal, como se dice en Efesios. No dejes que salgan palabras nocivas de tus labios. En lugar de eso, sé amable. Sé cariñosa. Destaca como una seguidora de Cristo.

Cuando el mundo dice que tienes todo el derecho de estar enojada o amargada, elige el perdón. Deja la malicia y vístete de ternura. Esto dirá mucho a los que te rodean que no conocen a Cristo.

Ora:

Dios, te doy gracias por el perdón de mis múltiples pecados, que me llegó solo a través de la muerte de Jesús. Pon en mí un corazón tierno donde antes había uno frío y duro. Reemplaza mi deseo de hablar mal de los demás. Ayúdame más bien a ser de edificación. Quiero vivir según tus caminos y no los del mundo. Amén.

....

....

....

....

....

....

EVITA QUEJARTE
Lee Filipenses 2.1–30

Versículo clave:

Háganlo todo sin quejas ni contiendas, para que sean intachables y puros, hijos de Dios sin culpa en medio de una generación torcida y depravada. En ella ustedes brillan como estrellas en el firmamento.
FILIPENSES 2.14–15 NVI

Comprende:

- *¿De qué o de quién te quejas más regularmente?*

- *¿Discutes con frecuencia? Si no estás segura, ¿tienes el valor de preguntarle a alguien cercano a ti si te considera una persona contenciosa?*

Aplica:

En la primera parte de Filipenses 2, Pablo llama a los filipenses a dejar su egoísmo. Luego, en los versículos 14–15, los instruye para ser considerados irreprochables y puros, evitando las quejas y las disputas. Es una tarea difícil cuando les pide que «hagan todo sin quejas ni contiendas». ¡¿Todo?! Esto significaría que, incluso cuando alguien los maltratara, no deberían quejarse. Esto parece implicar que, incluso cuando tienen la razón claramente, no necesitan provocar una discusión.

Aunque esta carta a la iglesia de Filipos fue escrita hace muchos años, ¡seguro que se asemeja a la situación actual! Mientras te mueves en tu día de hoy, evita quejarte. Di no a las peleas. Mira a ver si eso cambia cómo te sientes al recostar la cabeza en la almohada esta noche. Puedes encontrar la paz siguiendo este sabio consejo del apóstol Pablo.

Ora:

Dios, pon guarda sobre mis labios hoy. Cuando empiece a quejarme o a discutir, ayúdame a detenerme y recordar lo bendecida que soy. Dame la mente de Cristo. Ayúdame a usar mis palabras para animar en vez de desanimar a los que me rodean. Amén.

....

....

....

....

....

....

....

....

....

EL CIELO ES MI HOGAR
Lee Filipenses 3.1–21

Versículo clave:

En cambio, nosotros somos ciudadanos del cielo, de donde anhelamos recibir al Salvador, el Señor Jesucristo. Él transformará nuestro cuerpo miserable para que sea como su cuerpo glorioso, mediante el poder con que somete a sí mismo todas las cosas.

Filipenses 3.20–21 NVI

Comprende:

- *¿Qué significa que eres ciudadana del cielo?*

- *¿Cómo serán nuestros cuerpos después del regreso de Jesús?*

Aplica:

¿Alguna vez sientes que no perteneces a este lugar? ¡Eso es porque no perteneces! Como seguidores de Cristo, somos extranjeros en este mundo. Solo estamos de paso. Nuestro verdadero hogar es el cielo. Así que, si te sientes fuera de lugar en la cultura en la que estás atrapada, acostúmbrate. Aunque estamos en el mundo, no somos de él. Estamos destinadas a un lugar más grande, y moraremos allí con nuevos cuerpos que son como el de nuestro Salvador.

Aunque no sabemos todo lo que hay que saber del cielo, sabemos que nuestros nuevos cuerpos serán mejores que los actuales. Sabemos que no habrá más lágrimas ni muerte allí. Sabemos que reinaremos para siempre con nuestro Dios.

Cuando no encajas, está bien. No estás destinada a encajar. Considéralo añoranza de un lugar mejor. Anhelas el paraíso. Un día te sentirás como en casa porque estarás con tu Dios en el cielo.

Ora:

Señor, hay tantas cosas malas en las noticias cada noche. La gente se hace daño entre sí. Esta cultura está del revés, considera que el pecado está bien y persigue a los que procuran ser piadosos. Ayúdame a reconocer que estoy en este mundo con un propósito, pero que mi verdadero hogar es el cielo. Espero con ansias el día en que pueda estar allí contigo. Amén.

....

....

....

....

....

....

....

....

....

ORAR POR LOS DEMÁS
Lee Colosenses 1.1–29

Versículo clave:

Por eso, desde el día en que nos enteramos de todo esto, no cesamos de rogar por ustedes. Pedimos a Dios que los llene del conocimiento de su voluntad, que los haga profundamente sabios y les conceda la prudencia del Espíritu.
COLOSENSES 1.9 BLPH

Comprende:

- *¿Quién ora por ti?*
- *¿Por quién oras regularmente?*

Aplica:

Es importante que los creyentes oremos unos por otros. Si tienes hijos, puedes ver a Dios trabajar en sus vidas en grandes maneras si empiezas a orar por ellos regularmente. Oremos para que Dios les dé sabiduría y guía. Ora para que lleguen a conocer a Cristo si aún no se han convertido. Pídele a Dios que les muestre su voluntad y les dé el deseo de seguir sus caminos.

También puedes orar por otros de tu iglesia, tu familia y tu lugar de trabajo. Somos una familia, el cuerpo de Cristo, y debemos ponernos unos a otros en oración. ¡A menudo nos perdemos el gran poder de la oración simplemente porque no pedimos!

Comprométete hoy a orar por otros cristianos. Presenta sus necesidades al Señor. Pídele que obre en sus vidas. ¡Luego siéntate y mira cómo Dios obra en las vidas de los que te rodean!

Ora:

Señor, a veces estoy tan ocupada que me olvido de orar. A lo mejor solo oro a la hora de la comida o por una necesidad urgente al final del día. A menudo me quedo dormida cuando intento orar antes de ir a la cama. Dios, ayúdame a reconocer que estoy llamada a orar por otros creyentes y que mis oraciones realmente marcan la diferencia. Hago un alto ahora para presentarte a personas especiales que me vienen a la mente... (Ora por otros específicamente por su nombre y necesidad.)

....

....

....

....

....

....

....

....

....

....

HAGAS LO QUE HAGAS

Lee Colosenses 3.1–25

Versículo clave:

Y todo lo que hacéis, sea de palabra o de hecho, hacedlo todo en el nombre del Señor Jesús, dando gracias a Dios Padre por medio de él.

Colosenses 3.17 rvr1960

Comprende:

- *¿Qué incluye el «todo» de Colosenses 3.17?*

- *¿Has considerado alguna vez que incluso las tareas más cotidianas pueden traer la gloria a Dios cuando se hacen con el espíritu adecuado?*

Aplica:

«Todo» incluye muchas actividades, ¿no? Incluye ir de compras y limpiar los baños, conducir por toda la ciudad como un taxi para tus hijos, e incluso pasear al perro. ¿Cómo podrían las tareas diarias como estas darle gloria a Dios? No es el «qué», sino el «cómo» lo que le interesa a Dios. No importa lo que estés haciendo, concéntrate en Dios. Mantente bendiciendo el hogar cuando estás limpiando el piso. ¡Piensa en el regalo que son tus hijos cuando los estés llevando en el auto! Deja tu teléfono en casa cuando pasees al perro, y pasa ese tiempo orando y disfrutando de la creación de Dios.

Lo que sea que estés haciendo, hazlo en el nombre de Cristo y con un corazón agradecido. Esto le agrada a Dios.

Ora:

Dios, gracias por la capacidad para hacer las tareas cotidianas de mi vida diaria. Gracias por mi hogar y mi familia e incluso por las responsabilidades con las que me has bendecido. Ayúdame a honrarte en todo lo que hago, no importa cuán pequeña o insignificante parezca la tarea. Amén.

....

....

....

....

....

....

....

....

....

....

....

AFLIGIRSE DE UNA MANERA DIFERENTE

Lee 1 Tesalonicenses 4.11–5.28

Versículo clave:

Hermanos, no queremos que ignoren la suerte de aquellos que ya han muerto. Así no estarán tristes como lo están los que carecen de esperanza. Nosotros creemos que Jesús ha muerto y ha resucitado; pues, igualmente, Dios llevará consigo a quienes han muerto unidos a Jesús.

1 Tesalonicenses 4.13–14 blph

Comprende:

- *¿Quiénes son los que han muerto en Cristo? ¿Qué enseña la Biblia sobre ellos?*

- *¿En qué sentido nuestra aflicción debe ser distinta de la del mundo? ¿Por qué?*

Aplica:

Cuando Pablo escribió a los tesalonicenses, incluyó algunas instrucciones sobre el duelo. Los creyentes en Cristo en los días de Pablo, y de la misma manera en los tiempos en que vivimos, no deben afligirse como aquellos que no conocen a Cristo.

Desde luego, estamos tristes cuando perdemos a un ser querido. Pero nos consuela el hecho de que, si nuestro ser querido fuera cristiano, esto no es un verdadero «adiós», sino simplemente un «hasta luego». Leemos en las Escrituras que los muertos en Cristo resucitarán en su segunda venida.

Aunque existe cierto grado de misterio sobre la segunda venida de nuestro Salvador, sabemos que está claro que, gracias a que murió y resucitó, aquellos que mueren «en él» (como cristianos) también resucitarán. Sus cuerpos físicos se reunirán con sus espíritus, y tendrán un nuevo y completo cuerpo espiritual en ese momento.

Regocíjate por el hecho de que los que conocen a Cristo pasarán la eternidad con él. ¡La muerte ha «perdido su aguijón» para el cristiano!

Ora:

Señor, estoy agradecida porque, aunque lamento la pérdida de hermanos y hermanas en la fe, no tengo que llorar como lo hace el resto del mundo. Tengo la esperanza de volver a verlos algún día. Me has prometido esto en tu santa Palabra. En el nombre de Cristo resucitado. Amén.

....

....

....

....

....

....

....

SUFRIMIENTO
Lee 2 Tesalonicenses 1.1–2.17

Versículo clave:

De manera que nosotros mismos hablamos con orgullo de voso-
tros entre las iglesias de Dios, por vuestra perseverancia y fe en
medio de todas las persecuciones y aflicciones que soportáis. Esta
es una señal evidente del justo juicio de Dios, para que seáis
considerados dignos del reino de Dios, por el cual en verdad
estáis sufriendo.
2 Tesalonicenses 1.4–5 lbla

Comprende:

- *¿Cuál es tu aflicción o dolor actual?*

- *¿Alguna vez has sufrido por el reino de*
  Cristo?

Aplica:

Pablo estaba orgulloso de los tesalonicenses por amar-
se bien y por perseverar incluso a través de pruebas y
dificultades. ¿Te enfrentas a dolor y dificultades en tu
propia vida? ¿Sabes lo que significa sufrir?

Debes saber que Dios ve tu sufrimiento. Él está
cerca de los que tienen el corazón roto. Él venda tus
heridas. Te ama con un amor eterno y promete no
dejarte ir nunca. Un día, él enjugará toda lágrima de
tus ojos.

Hay un lugar mejor. Es el cielo, y es nuestro hogar. No somos más que extranjeros en esta tierra, en este mundo caído, de paso. Aprovecha cada día al máximo. Entrega tu sufrimiento a Dios. Confía en él para un mañana mejor. Él no te ha dejado sola. Tus dificultades y pruebas tienen un propósito.

Habrá un nuevo orden algún día. Dios nos lo ha prometido. Él hará que todas las cosas vuelvan a estar bien, y no habrá más sufrimiento.

Ora:

Señor, ayúdame a soportar mis dificultades y a mantener una buena actitud. Dame la fuerza que necesito para perseverar. Me siento fuerte algunos días, pero en otros me siento muy débil. Sé tú mi fuerza. Te lo pido en el nombre de Jesús. Amén.

....

....

....

....

....

....

....

....

....

UN EJEMPLO DE FE

Lee 2 Timoteo 1.1–18

Versículo clave:

... evocando tu sincera fe, esa fe que tuvieron primero tu abuela Loida y tu madre Eunice, y que no dudo tienes tú también! Por eso, te recuerdo el deber de reavivar el don que Dios te otorgó cuando impuse mis manos sobre ti. Porque no es un espíritu de cobardía el que Dios nos otorgó, sino de fortaleza, amor y dominio de nosotros mismos.

2 Timoteo 1.5–7 blph

Comprende:

- *¿Quién vivió su fe antes de Timoteo y lo inspiró a seguir a Cristo también?*

- *¿Quiénes fueron tus ejemplos en la fe cristiana? ¿Para quién sirves como modelo de cristiana?*

Aplica:

Timoteo creció aprendiendo de su madre y su abuela. Son lo suficientemente importantes como para que Pablo las mencione en su carta al joven. Pablo afirma que Loida y Eunice tuvieron antes que él una fe sincera, y sabe que esa fe es ahora también la de Timoteo.

Un ejemplo de fe es una gran bendición para una persona joven. ¿Seguiste los pasos de una madre o un padre? ¿De un abuelo u otro pariente? Tal vez seas una cristiana de primera generación. ¿Tuviste un mentor espiritual en un pastor o una amiga? Todo el mundo necesita ver la fe ejemplificada y vivida en alguien anterior.

¿Sirves de ejemplo a los cristianos más recientes que tú? ¿Tal vez a tus propios hijos o alumnos? Tal vez tus sobrinas o sobrinos te admiran. Puede que seas un modelo de cristianismo para los de tu edad, tus compañeros. ¡Hay cristianos recién nacidos de todas las edades!

Si aún no tienes una, busca una mentora espiritual, y encuentra una manera de guiar a las mujeres más jóvenes en la fe también. Ambas cosas son igual de importantes.

Ora:

Padre, ayúdame a ser ejemplo del caminar cristiano para los que vienen después de mí. Quiero ser siempre consciente de que me observan. Dame la gracia de vivir cada día de una manera que sea agradable para ti, y que pueda servir como un ejemplo de fe. Te lo pido en el nombre de Jesús. Amén.

....

....

....

....

....

....

SE MUEREN POR OÍR

Lee 2 Timoteo 4.1–22

Versículo clave:

Llegará el tiempo en que la gente no escuchará más la sólida y sana enseñanza. Seguirán sus propios deseos y buscarán maestros que les digan lo que sus oídos se mueren por oír.
2 Timoteo 4.3 NTV

Comprende:

- *¿Hay algún maestro que hayas escuchado en la televisión o en la radio cuyas palabras no parecían estar en sintonía con las Escrituras?*

- *¿Te gusta que te digan solo lo que quieres oír, o buscas la verdad?*

Aplica:

El apóstol Pablo advierte que se acerca un tiempo en el que la gente seguirá sus propios deseos, ya no escuchará más las enseñanzas piadosas, sino que seguirá a los maestros que les dicen lo que quieren oír. ¿Esto te suena a los tiempos en que vivimos?

Lo único que tienes que hacer es poner la televisión, entrar en ciertas iglesias, o escuchar la radio del auto. Puedes oír un mensaje predicado en el nombre de Jesús que te cuenta lo que sea que quieras oír.

Retuercen las Escrituras para adaptarlas a cualquier situación. Los pastores que llenan estadios predican a menudo un evangelio de prosperidad, lleno de mentiras.

Ten cuidado. Examínalo todo con la Palabra de Dios. Pídele a Dios discernimiento. Lee y estudia la Biblia. Conócela por dentro y por fuera. Así no caerás en la trampa de seguir lo que tu curiosidad quiere oír. La verdad no siempre es fácil, pero siempre, siempre, vale la pena buscarla.

Ora:

Dios, no quiero que me digan lo que es fácil o lo que suena bien. Quiero saber la verdad. Dame el discernimiento que necesito tan desesperadamente en los tiempos en que vivo. Ayúdame a percibir cuándo algo no se ajusta a tu santa Palabra. Llena mi mente y mi corazón con tu verdad, te lo ruego. Amén.

....

....

....

....

....

....

....

....

MENTORES Y DISCÍPULOS

Lee Tito 2.1–15

Versículo clave:

Y las ancianas lo mismo: que se comporten como corresponde a creyentes; que no sean calumniadoras ni esclavas del vino, sino maestras de bondad. Enseñarán así a las jóvenes a ser esposas y madres amantes, a ser sensatas y castas, a cuidar con esmero de su casa, a ser bondadosas y respetuosas con sus maridos para que nadie pueda hablar mal de la palabra de Dios.
TITO 2.3–5 BLPH

Comprende:

- *¿Conoces un ejemplo en el que una mujer cristiana mayor haya tenido una gran influencia en la vida de una mujer cristiana más joven?*

- *¿Hay alguna mujer cristiana más joven que podría beneficiarse de tu mentoría? ¿Hay alguna mujer cristiana mayor de la que te gustaría aprender?*

Aplica:

En las Escrituras, aprendemos que Pablo fue el mentor de Timoteo. Todo el mundo necesita un Pablo, alguien que lleve más tiempo que nosotros en su viaje espiritual. Esto es un mentor espiritual. Todos se benefician y crecen al servir como mentor a un creyente más joven. En esencia, necesitas un Pablo y un Timoteo, alguien que te sirva y alguien en quien invertir.

Tito 2 expone muy bien estos roles y nos muestra lo que podemos aprender unos de otros. Las mujeres jóvenes pueden aprender de las mujeres que las precedieron cómo ser esposas, madres y trabajadoras piadosas. Las mujeres mayores continuarán creciendo a medida que compartan su sabiduría con las más jóvenes.

Considera la posibilidad de pedirle hoy a una mujer que esté más avanzada que tú espiritualmente que te discipule. Busca también a una mujer más joven que pueda beneficiarse de tu mentoría.

Ora:

Padre celestial, por favor, úsame en la vida de una joven creyente. Ayúdame a mostrarle a alguien cómo vivir como una esposa, madre y trabajadora piadosa. Ayúdame también a estar abierta al consejo de una mujer que haya experimentado más cosas en la vida que yo. Necesito un «Pablo» y un «Timoteo» en mi vida. Amén.

....

....

....

....

....

SÉ HOSPITALARIA
Lee Hebreos 13.1–25

Versículo clave:

No echen en olvido la hospitalidad pues, gracias a ella, personas hubo que, sin saberlo, alojaron ángeles en su casa.
HEBREOS 13.2 BLPH

Comprende:

- *¿Cómo recibes al extraño? ¿Cómo se ve esto en tu vida?*

- *¿Cómo podría alguien actuar de manera diferente si fuera consciente de que un extraño es en realidad un ángel?*

Aplica:

En estos tiempos de «miedo al extranjero», parece inusual leer que hay que recibir a los extraños.

Veamos cómo podría aplicarse esto en tu vida.

Recibes a un grupo de la comunidad en la casa que Dios te ha dado? ¿Les ofreces a los misioneros o a otras personas necesitadas un cuarto para una estadía breve o incluso larga? ¿Hablas con la gente cuando estás en el mercado y les ofreces una sonrisa? ¿Renuncias a esa plaza de estacionamiento cercana o a la última gaseosa helada para que otra persona pueda disfrutarla? Cualquiera de estas cosas podría clasificarse como hospitalidad con el extranjero.

Nunca se sabe cuándo puedes estar acogiendo a un ángel en lugar de a un simple ser humano. Abraham y Lot son solo dos de los ejemplos de hombres de la Biblia que hospedaron ángeles sin saberlo. Dios recompensa a aquellos que realizan simples actos de bondad. Nuestro Padre celestial dice que, cuando servimos incluso a los más humildes de entre nosotros, le estamos sirviendo a él (ver Mateo 25.40).

Ora:

Padre, puedo usar mis dones y recursos para ayudar a otros. Hazme consciente de las oportunidades de ser hospitalaria con el extraño como yo pueda. Utilízame, te lo ruego, en el precioso nombre de Jesús. Amén.

....

....

....

....

....

....

....

....

....

BUENAS DÁDIVAS
Lee Santiago 1.1–27

Versículo clave:

Toda buena dádiva y todo don perfecto viene de lo alto, desciende del Padre de las luces, con el cual no hay cambio ni sombra de variación.
Santiago 1.17 lbla

Comprende:

- *¿De quién viene toda buena dádiva?*
- *¿Cuáles son algunas de las mayores dádivas que Dios te ha dado?*

Aplica:

Cada cosa buena en tu vida vino directamente de las manos de Dios. Tu casa, tu auto, y la comida que llena tu despensa y tu refrigerador... Tus amistades, tu educación, tu carrera y tu familia... Tus talentos, habilidades e incluso las puestas de sol que disfrutas... Mira a tu alrededor hoy. Gracias a Dios por todos los buenos y perfectos dones que te ha concedido.

Si alguna vez empiezas a dudar del amor de Dios, considera sus dones. Si alguna vez empiezas a preguntarte por qué no te concede algo que tu corazón desea, recuerda esto: él te da lo que sabe que necesitas. No te da nada menos que lo mejor de sí mismo.

Dios es bueno, y sus dádivas son perfectas. Tómate tiempo para maravillarte con todos los dones de tu vida. Tómate un tiempo para darle gracias al Padre de las luces.

Ora:

Padre de las luces, en el que no hay cambio ni sombra de variación, eres el mismo ayer, hoy y mañana. Eres el gran Yo Soy, el Creador, mi Redentor, mi mejor Amigo. Gracias por todas las buenas y perfectas dádivas de mi vida. Humildemente reconozco que todas vienen de ti. Amén.

....

....

....

....

....

....

....

....

....

....

....

....

ACEPTAR AYUDA
Lee Santiago 2.1–26

Versículo clave:

Imagínense el caso de un hermano o una hermana que andan mal vestidos y faltos del sustento diario. Si acuden a ustedes y ustedes les dicen: «Dios los ampare, hermanos; que encuentren con qué abrigarse y con qué matar el hambre», pero no les dan nada para remediar su necesidad corporal, ¿de qué les servirán sus palabras?
Santiago 2.15–16 BLPH

Comprende:

- *¿Cuál es la diferencia entre la fe con y sin obras?*

- *¿Por qué crees que Santiago dice que la fe sin obras está muerta?*

Aplica:

Dios los ama. A todos ustedes. No solo las partes espirituales. También se preocupa por sus necesidades físicas. El cuerpo de Cristo siempre debe estar ahí para ayudarnos unos a otros.

A veces necesitarás ayuda. Puede que te sientas tentada a decir: «Está bien, gracias de todas formas, pero yo me encargo de esto». Puede ser difícil para ti aceptar ayuda. Puede que sientas que puedes hacerlo todo con tus propias fuerzas. Esto puede dar apariencia de fortaleza. O de valentía. Pero, en realidad, lo que estás haciendo es negarles a otros la oportunidad de ayudarte. Esto los priva de una gran bendición.

¿Recuerdas lo bien que te sentiste la última vez que le tendiste una mano a alguien necesitado? Asegúrate de que también permites que el pueblo de Dios te bendiga en tu momento de necesidad.

Ora:

Señor, gracias por mostrarme que la fe debe implicar obras. Soy salva por gracia, pero, gracias a tu asombrosa gracia, me mueves a hacer buenas obras para que otros puedan llegar a conocerte. Ayúdame también a estar dispuesta a aceptar ayuda. Al hacerlo, permito que otros vivan su fe también. Te lo pido en el nombre de Jesús. Amén.

....

....

....

....

....

....

....

....

....

LA LENGUA
Lee Santiago 3.1–4.17

Versículo clave:

Con la lengua bendecimos a nuestro Señor y Padre, y con ella maldecimos a las personas, creadas a imagen de Dios. De una misma boca salen bendición y maldición. Hermanos míos, esto no debe ser así.
SANTIAGO 3.9–10 NVI

Comprende:

- *¿Con qué frecuencia dirías que te quejas? ¿Cotilleas? ¿Hablas negativamente de alguien o incluso de ti misma?*

- *¿Qué paso práctico puedes dar para empezar a «domar tu lengua» y usar tus palabras para dar gloria a Dios?*

Aplica:

¿Recuerdas la vieja expresión «No muerdas la mano que te da de comer»? Esto me viene a la mente cuando leemos sobre la lengua en Santiago. ¿Cuántas veces al día usamos nuestras palabras de forma constructiva y para edificar el cuerpo de Cristo? ¿Y cuántas veces somos culpables de cotillear o de menospreciar a los demás, tal vez para hacernos ver mejores?

Santiago señala que la misma lengua que alaba a Dios no debe luego maldecir a la humanidad, a la que él creó a su imagen. Esto, según Santiago, sería como si fluyera agua dulce y salada del mismo manantial.

Reflexiona. Contente cuando estés a punto de pronunciar esas palabras negativas, y usa esa oportunidad más bien para las positivas. Esto honrará a Dios, y al final del día podrás saber que usaste tu lengua como es propio de una creyente.

Ora:

Amado Dios, te pido que me detengas en mi camino cuando empiece a usar mis palabras para deshonrar a los que me rodean. Sé que al hacer una elección consciente de «domar mi lengua», puedo darte gloria. Te lo pido en el nombre de Jesús.

....

....

....

....

....

....

....

....

....

COMPRADA CON LA SANGRE DE CRISTO

Lee 1 Pedro 1.1–25

Versículo clave:

... sabiendo que fuisteis rescatados de vuestra vana manera de vivir, la cual recibisteis de vuestros padres, no con cosas corruptibles, como oro o plata, sino con la sangre preciosa de Cristo, como de un cordero sin mancha y sin contaminación.
1 Pedro 1.18–19 RVR1960

Comprende:

- *¿Cómo se define la palabra «redimir»?*
- *¿Cómo has sido redimida, como cristiana, por Jesucristo?*

Aplica:

¿Ha visto películas o escuchado historias de secuestradores que retienen a sus víctimas por un rescate? ¡Imagina si esto te pasara a ti! Tu familia y tus seres queridos pagarían cualquier precio y renunciarían a grandes sumas de dinero para que fueras liberada. Ahora imagina que alguien diera su vida por ti.

Eso es lo que Jesús hizo por ti. Te redimió con su sangre. La ley del Antiguo Testamento pedía el derramamiento de sangre para que Dios perdonara el pecado. El sacrificio no podía ser cualquier animal. Había ordenanzas y regulaciones. Jesús, el perfecto Cordero de Dios, tomó tu pecado sobre sí mismo y te redimió.

Cuando Cristo te redimió, lo hizo de una manera total, no solo en algunas partes. Tu libertad no fue adquirida con oro o plata. Tu vida ha sido comprada a un alto precio: la muerte del Hijo de Dios. ¡Celebra esta redención!

Ora:

Gracias, Dios, por pagar el precio final para comprar mi libertad del pecado. Sacrificaste a tu único Hijo para que yo pudiera tener vida y tenerla en abundancia. En tu santo nombre oro. Amén.

....

....

....

....

....

....

....

....

....

....

....

LLAMADA A LA SANTIDAD
Lee 1 Pedro 2.1-25

Versículo clave:

Pórtense ejemplarmente entre los paganos, para que sus buenas acciones desmientan las calumnias de quienes los consideran malhechores, y puedan también ellos glorificar a Dios el día en que venga a visitarlos.
1 PEDRO 2.12 BLPH

Comprende:

- *¿Por qué los creyentes debemos hacer buenas obras? ¿Cuál es el propósito?*

- *¿Qué estás haciendo para que los demás se acerquen a Cristo?*

Aplica:

Una de las principales formas en que los cristianos se destacan en el mundo es viviendo una buena vida y haciendo cosas buenas. Las elecciones que haces en cuanto a ropa, entretenimiento y cómo gastas tu dinero son notadas por los que te rodean. La gente sabe que eres cristiana y, cuando vives una vida recta ante ellos, diriges su mirada hacia Cristo.

Es difícil discutir con los buenos resultados. Cuando la gente vea a tus hijos mostrando respeto a los demás y tomando buenas decisiones, se preguntarán qué haces diferente como madre. Cuando la gente se dé cuenta de que apoyas a las misiones o das tu tiempo para ministrar a otros, se preguntarán por qué.

Una de las mejores maneras de dar testimonio a los que te rodean es viviendo una vida piadosa ante ellos. Cuando otros noten la diferencia en ti, puedes dirigirlos a Jesús. Nuestras buenas acciones tienen un propósito: darle gloria a Dios.

Ora:

Dios, ayúdame a vivir de tal manera que los demás se sientan atraídos hacia ti. Quiero que todo lo que haga y diga refleje que soy una hija del Rey. Por favor, ayúdame a dar un buen ejemplo y a vivir sin reproches para que otros puedan glorificarte, Padre celestial. Amén.

....

....

....

....

....

....

....

....

....

UNA VIDA QUE CONQUISTA

Lee 1 Pedro 3.1-22

Versículo clave:

También ustedes, mujeres, sean respetuosas con sus maridos, para que esa conducta intachable y recatada, basada en hechos y no en palabras, conquiste incluso a los más reacios al mensaje de salvación. No se preocupen tanto por el adorno exterior —peinados llamativos, joyas valiosas, vestidos lujosos— cuanto por el interior, el del corazón: el adorno incorruptible de un espíritu apacible y sereno, que es la auténtica belleza a los ojos de Dios.
1 Pedro 3.2-4 BLPH

Comprende:

- *¿Cómo es este espíritu apacible y sereno del que se habla en 1 Pedro 3? ¿Cuándo es más difícil de mostrar?*

- *¿Qué beneficio tiene para tu matrimonio que lleves una vida pura con respeto a tu Dios?*

Aplica:

En 1 Pedro 3, se anima a los hombres a respetar a sus esposas y a tratarlas de forma comprensiva. Se les advierte de que lo hagan para que sus oraciones no se vean obstaculizadas. Vaya. Eso muestra lo importante que es para Dios que los maridos amen a sus esposas.

¿Qué hay de la responsabilidad de la esposa? La esposa debe vivir de tal manera que, si su marido no sigue las enseñanzas de Dios y ve su vida, pueda ser persuadido para acercarse a Dios. Una vida pura. ¿Cómo es eso? Significa mucho más que ser fiel en el ámbito sexual. Implica palabras y motivos puros.

Piensa en cómo vives día a día ante tu marido. ¿Tu vida lo conquista para Cristo a él o a los demás? ¿Haría que tu marido —o si eres soltera, quizás un amigo o pariente— quisiera acercarse más a Dios?

Ora:

Dios, oro para que pueda tener realmente un espíritu apacible y sereno. Oro por labios y corazón puros, para que mi esposo y todos los que están cerca de mí se sientan atraídos hacia ti. Te lo pido en el nombre de Jesús. Amén.

....

....

....

....

....

....

....

....

....

....

SUFRE EN SU NOMBRE
Lee 1 Pedro 4.1–19

Versículo clave:

Pero si es por ser cristiano, que no se avergüence, sino que alabe a Dios por llevar ese nombre.
1 PEDRO 4.16 BLPH

Comprende:

- *Primera de Pedro 4 advierte a los creyentes que no se sorprendan cuando llegan los problemas, sino que compartan el sufrimiento de Cristo. ¿Alguna vez has sufrido por ser cristiana?*

- *Si no has sufrido por tus creencias, plantéate esto: ¿vives de una manera que destaca entre los no creyentes de tu entorno? ¿O tu vida se mezcla tanto con la de ellos que nunca se te cuestiona u ofende por tu fe?*

Aplica:

Los soldados llevan el uniforme de su país. Si mueren, es un honor dar sus vidas por su patria. ¿Somos así? Como creyentes en Cristo, debemos destacarnos como su pueblo. Podemos encontrarnos con persecución en nuestra vida por seguirlo de cerca. La gente puede no entender las decisiones que tomamos.

Puede que se burlen de nosotras o incluso que intenten causarnos daño.

Ante cualquier persecución que soportes por el nombre de Cristo, serás recompensada en el cielo. Dios ve y registra todo el sufrimiento por el nombre de Jesús.

Si no sufres por causa de Cristo, reflexiona. ¿Vives de tal manera que te distingues de la multitud? Asegúrate de no estar tan mimetizada que nadie sospeche que eres cristiana. Levántate y destaca por Jesús. Se acerca un día en el que será aún más difícil mantenerse firme en la fe.

Ora:

Señor, ayúdame a defenderte y a diferenciarme por ti. Me siento honrada de sufrir por tu nombre. Te amo, y quiero ser conocida como una persona que te sigue muy de cerca a ti, el único Dios verdadero, sin importar el precio. Te lo pido en el nombre de Jesús. Amén.

....

....

....

....

....

....

....

....

VIVIR EN LA LUZ
Lee 1 Juan 1.1–2.29

Versículo clave:

Pero, si vivimos de acuerdo con la luz, como él vive en la luz, entonces vivimos unidos los unos con los otros y la muerte de su Hijo Jesús nos limpia de todo pecado.
1 JUAN 1.7 BLPH

Comprende:

- *¿Qué es lo opuesto a la luz?*

- *¿Qué crees que significa vivir en la luz frente a vivir en la oscuridad?*

Aplica:

Como cristianas, hemos encontrado la luz, pero el mundo que nos rodea aún vive en la oscuridad. La oscuridad viene en muchas formas, pero siempre es lo opuesto a lo mejor de Dios. Dios es luz. Con la luz, delata la oscuridad.

Los que están espiritualmente ciegos caminan en la oscuridad. Están en un camino pecaminoso. Si tuvieran la luz, darían media vuelta y tomarían otro camino, el camino que lleva al cielo. Pero, en su situación actual, van de camino al infierno.

A veces, puedes sentirte como si estuvieras en

la oscuridad. La depresión puede superarte. Puedes sentir que Dios te ha dejado. No lo ha hecho. Es en esos momentos cuando debes confiar en la verdad de las Escrituras. Dios ha prometido no dejarte nunca. Te ha rescatado del pecado y te ha puesto en el camino de la justicia. Recuerda en la oscuridad lo que sabes que es verdad en la luz.

Ora:

Señor, ayúdame a caminar siempre en la luz como tú lo haces. Mantén mi corazón y mi mente puros aunque viva en medio de una cultura malvada que promueve el pecado. Padre, cuando sienta que estoy en la oscuridad, recuérdame que soy hija de la luz. Te conozco y he sido salvada para siempre del pecado y de la destrucción. En el poderoso nombre de Cristo oro. Amén.

....

....

....

....

....

....

....

....

....

....

PARA QUE *SEPAN*
Lee 1 Juan 5.1–21

Versículo clave:

Estas cosas os he escrito a vosotros que creéis en el nombre del Hijo de Dios, para que sepáis que tenéis vida eterna, y para que creáis en el nombre del Hijo de Dios.
1 JUAN 5.13 RVR1960

Comprende:

- *¿Alguna vez dudaste de tu salvación?*
- *Efesios 2.8–9 afirma que somos salvos por gracia a través de la fe. ¿Cómo confirma esto 1 Juan 5.13?*

Aplica:

No hay forma de predecir si te van a diagnosticar una enfermedad que te cambie la vida. No podemos saber con seguridad si nuestras casas se inundarán o si perderemos nuestros trabajos. Desconocemos muchas cosas.

Hay una cosa de la que puedes estar segura si has confiado en Jesucristo como tu Salvador: tienes vida eterna en el cielo con Dios.

Primera de Juan 5.13 dice que podemos *saber* que tenemos vida eterna. No dice que podemos *esperar* o *soñar* o *imaginar*. Dice que podemos *saber*.

Esto significa que no tienes que volver a preguntarte o dudar de si realmente pasarás la eternidad en el cielo. No se trata de lo buena que eres o no eres. Es un regalo que te llegó en el momento de tu salvación. ¡Dios no retira ese regalo!

La próxima vez que Satanás te tiente a dudar de este hecho, lee de nuevo 1 Juan 5.13 y dile a Satanás que se aleje de ti. ¡Dios quiere que te asegures de adónde vas!

Ora:

Padre, gracias por no tener que preguntarme dónde pasaré la eternidad. Quieres que esté segura en la promesa de que estaré contigo. Ayúdame a aferrarme a esta promesa para que no pierda un tiempo valioso preocupándome. ¡Toda esa preocupación es innecesaria! Te lo pido en el nombre de Jesús. Amén.

....

....

....

....

....

....

....

....

....

IMITA AL
PADRE CELESTIAL
Lee 2 Juan 1–3

Versículo clave:

Amado, no imites lo malo sino lo bueno. El que hace lo bueno es de Dios; el que hace lo malo no ha visto a Dios.
3 JUAN 11 LBLA

Comprende:

- *¿Qué acciones demuestran que alguien conoce a Dios personalmente? ¿Cómo sabes si alguien es cristiano?*

- *¿Has sentido la tentación de «imitar lo que es malo»? ¿Cómo puedes evitar caer en este tipo de tentación en el futuro?*

Aplica:

En la Tercera Epístola de Juan, el apóstol anima a los creyentes a cuidar de los «hermanos» (compañeros cristianos), sobre todo si son de otro lugar.

¿Cómo aplicamos esto a nuestras propias vidas hoy en día? Mira de cerca tus dones y recursos. ¿Van más allá de tu familia directa para satisfacer las necesidades del cuerpo de Cristo? Después de todo, en Cristo todos somos parte de la familia de Dios.

¿Tienes espacio en tu casa, dinero en tu cuenta bancaria o una habilidad que pueda ayudar a otros? ¿Hay alguna viuda en tu iglesia cuya casa necesite reparaciones? ¿Conoces a algún compañero creyente al que le vendría bien tu ayuda para conseguir un trabajo o encontrar un lugar para vivir? Desde luego, no puedes satisfacer las necesidades de todos los hermanos o hermanas en la fe, ¡pero puedes satisfacer algunas de ellas!

Este mundo nos llama a imitar el mal. Cuando imitas el bien, estás imitando a tu Padre celestial.

Ora:

Padre celestial, haz que siempre imite el bien y nunca el mal. Quiero dar gloria a tu nombre al satisfacer las necesidades de mis hermanos y hermanas. A veces estoy tan ocupada sirviendo a los incrédulos y tratando de conquistarlos para ti que olvido que estoy llamada a satisfacer las necesidades de los que pertenecen a la familia de Dios. Dame oportunidades para hacerlo. Te lo pido en el nombre de Jesús. Amén.

....

....

....

....

....

....

....

NO SIGAS PECANDO
Lee Judas 1–25

Versículo clave:

Les digo esto, porque algunas personas que no tienen a Dios se han infiltrado en sus iglesias diciendo que la maravillosa gracia de Dios nos permite llevar una vida inmoral. La condena de tales personas fue escrita hace mucho tiempo, pues han negado a Jesucristo, nuestro único Dueño y Señor.
JUDAS 4 NTV

Comprende:

- *¿Has oído alguna vez algo que supieras al instante que no se ajustaba a la Palabra de Dios?*

- *¿Qué le dirías a alguien que dijera que por la gracia de Dios podemos vivir como queramos?*

Aplica:

El autor de Judas advierte urgentemente sobre los impíos que «se han infiltrado» en las iglesias. No quiere que nadie se deje engañar por ellos. Estas personas decían que, gracias a la gracia de Dios, no había nada malo en seguir pecando. El pecado estaba cubierto por la gracia de Dios de todos modos.

¡Qué forma tan peligrosa de vivir! ¡Y qué pensamiento tan negativo! El apóstol Pablo enseñó en el libro de Romanos que nuestras vidas pecaminosas fueron crucificadas con Cristo y fuimos liberados. Romanos 6.18 (NTV) dice: «Ahora son libres de la esclavitud del pecado y se han hecho esclavos de la vida recta».

¿Hay personas en tu vida que dicen ser cristianas y sin embargo viven un estilo de vida pecaminoso? Tal como el autor de Judas advierte a las personas de su tiempo, hay que estar atentos. A menudo es fácil dejarse llevar por tales personas. Es mejor rodearte de amigos que te dirijan hacia una vida piadosa.

Ora:

Señor, por favor, dame el discernimiento que necesito para distinguir a los piadosos de los impíos. No quiero desviarme nunca por aquellos que piensan que tu gracia es una especie de seguro, que garantiza el perdón sin importar cómo vivan. Quiero honrarte y vivir una vida piadosa. Te lo pido en el nombre de Jesús. Amén.

....

....

....

....

....

....

....

NUNCA SOLA
Lee Apocalipsis 3.1–22

Versículo clave:

Mira que estoy a la puerta y llamo. Si alguno oye mi voz y abre la puerta, entraré, y cenaré con él, y él conmigo.
APOCALIPSIS 3.20 NVI

Comprende:

- *Si eres una creyente en Cristo, ¿alguna vez estás realmente sola?*
- *¿Por qué crees que Jesús habla de comer con aquella persona que le permite entrar en su corazón?*

Aplica:

Si tienes a Cristo como tu Salvador, nunca estás realmente sola. En tu día más oscuro y en tu hora más solitaria, él está listo para comer contigo. ¿Por qué usaría estas palabras? Uno podría preguntarse si es porque comer juntos es un acto íntimo. Normalmente comemos en familia o con amigos cercanos, no con extraños. Hablamos mientras comemos. Es un momento para tomárselo con calma y pasar tiempo con los seres queridos. Es una experiencia compartida.

Aunque no haya nadie más, siempre estará Cristo. Él es tu Salvador y Redentor, tu Amigo, tu

Príncipe de paz y Rey de gloria. Él siempre está ahí para ti. Nunca estás realmente sola.

Cristo no solo te salva, sino que promete estar siempre contigo, sin dejarte ni abandonarte. Él viene y establece su morada contigo. Tú eres su amada, y él anhela la comunión contigo.

Ora:

Señor Jesús, gracias por venir a mi corazón. Gracias porque nunca estoy realmente sola, porque te tengo a ti. Que siempre reconozca el gran regalo de mi comunión contigo. Amén.

....

....

....

....

....

....

....

....

....

....

....

EL CORDERO DE DIOS

Lee Apocalipsis 5.1–6.17

Versículo clave:

Y cantaban a coro este cántico nuevo:
—Digno eres de recibir el libro
y romper sus sellos,
porque has sido degollado
y con tu sangre has adquirido para Dios
gentes de toda raza,
lengua, pueblo y nación,
y has constituido con ellas
un reino de sacerdotes
que servirán a nuestro Dios
y reinarán sobre la tierra.
APOCALIPSIS 5.9–10 BLPH

Comprende:

- *¿Qué detalles resaltan para ti en la descripción del Cordero en Apocalipsis 5?*

- *¿Cómo consiguió el Cordero (Jesús) un pueblo para Dios?*

Aplica:

Cuando Juan escribió Apocalipsis, era un anciano, probablemente de unos noventa años, que estaba en prisión por predicar incesantemente sobre Jesús.

Algunos creen que Dios mantuvo con vida a Juan y le permitió vivir hasta bien entrados los noventa años para que pudiera recibir el mensaje de Apocalipsis y escribirlo.

En estos versículos se describe a Jesús como un cordero que parecía haber sido degollado. Y aun así está muy vivo y es declarado el único digno de abrir los pergaminos.

Estos versículos también señalan que Jesús murió por gentes de todas las tribus y lenguas. A veces es fácil imaginar el cielo como un lugar donde todos se parecen a ti y hablan tu idioma. Jesús murió por gentes de todas las razas, culturas y lenguas. El cielo será un lugar asombroso porque todos estaremos juntos, adorando a nuestro Señor, el único que es digno de nuestra alabanza, el Cordero que fue sacrificado por nuestras iniquidades.

Ora:

Jesús, solo tú eres digno de toda la alabanza y toda la gloria. Eres digno ayer, hoy y mañana. Eres el perfecto e inmaculado Cordero de Dios, sacrificado para que tengamos vida abundante y eterna. Me inclino ahora ante tu santidad. Espero el día en el que me uniré a gentes de todas las tribus y lenguas en la adoración de tu nombre. Amén.

....

....

....

....

NO MÁS LÁGRIMAS
Lee Apocalipsis 21.1–27

Versículo clave:

Él les enjugará toda lágrima de los ojos. Ya no habrá muerte, ni llanto, ni lamento ni dolor, porque las primeras cosas han dejado de existir.
APOCALIPSIS 21.4 NVI

Comprende:

- *¿Puedes imaginar un mundo sin muerte, luto, llanto ni dolor?*

- *¿Qué son «las primeras cosas» que habrán dejado de existir cuando Jesús regrese y establezca su reino?*

Aplica:

Todo lo que hemos conocido son las primeras cosas. Se refieren a cómo ha sido la vida desde la caída del hombre en el jardín del Edén. Pero no es todo lo que conoceremos. Los que conocen a Jesús tienen mejores tiempos por delante.

Dios es el Alfa y el Omega, el principio y el fin, como se le declaró a Juan en su visión del libro de Apocalipsis.

Aunque parezca no haber esperanza cuando se lucha contra el cáncer o se vive con un esposo difícil, sí que la hay. Por muy mal que se pongan las cosas en este mundo, hay otra vida que vendrá. Ya no derramarás más lágrimas. No experimentarás más dolor. Dios mismo enjugará las lágrimas de tus ojos. Él tiene el control.

Ora:

Señor, esta vida es dura. Estoy desanimada. Parece que, tan pronto como las cosas empiezan a ponerse más fáciles, el mundo me lanza otra situación difícil. Estoy muy agradecida por saber que este no es el final de mi historia. En ti estoy segura de que pasaré la eternidad en un lugar mucho mejor. En el nombre de Jesús. Amén.

....

....

....

....

....

....

....

....

....

....

....